思想的播种者

中国伟大思想家

《中国大百科全书》青少年拓展阅读版编委会　编

中国大百科全书出版社

图书在版编目（CIP）数据

思想的播种者·中国伟大思想家 /《中国大百科全书》青少年拓展阅读版编委会编 . —北京：中国大百科全书出版社，2019.9

（中国大百科全书：青少年拓展阅读版）

ISBN 978-7-5202-0588-7

Ⅰ. ①思… Ⅱ. ①中… Ⅲ. ①哲学家—生平事迹—中国—青少年读物 Ⅳ. ① K825.1-49

中国版本图书馆 CIP 数据核字（2019）第 208818 号

出 版 人	刘国辉
策划编辑	李默耘　程　园
责任编辑	李默耘
封面设计	WONDERLAND Book design 仙境 QQ:344581934
责任印制	李　鹏
出版发行	中国大百科全书出版社
地　　址	北京阜成门北大街 17 号
邮　　编	100037
网　　址	http://www.ecph.com.cn
电　　话	010-68341984
印　　刷	蠡县天德印务有限公司
开　　本	710 毫米 ×1000 毫米　1/16
字　　数	78 千字
印　　张	8
版　　次	2019 年 9 月第 1 版
印　　次	2020 年 1 月第 1 次印刷
定　　价	34.00 元

序

百科全书（encyclopedia）是概要介绍人类一切门类知识或某一门类知识的工具书。现代百科全书的编纂是西方启蒙运动的先声，但百科全书的现代定义实际上源自人类文明的早期发展方式：注重知识的分类归纳和扩展积累。对知识的分类归纳关乎人类如何认识所处身的世界，所谓"辨其品类""命之以名"，正是人类对日月星辰、草木鸟兽等万事万象基于自我理解的创造性认识，人类从而建立起对应于物质世界的意识世界。而对知识的扩展积累，则体现出在社会的不断发展中人类主体对信息广博性的不竭追求，以及现代科学观念对知识更为深入的秩序性建构。这种广博系统的知识体系，是一个国家和一个时代科学文化高度发展的标志。

中国古代类书众多，但现代意义上的百科全书事业开创于1978年，中国大百科全书出版社的成立即肇基于此。百科社在党中央、国务院的高度重视和支持下，于1993年出版了《中国大百科全书》（第一版）（74卷），这是中国第一套按学科分卷的大百科全书，结束了中国没有自己的百科全书的历史；2009年又推出了《中国大百科全书》（第二版）（32卷），这是中国第一部采用汉语拼音为序、与国际惯例接轨的现代综合性百科全书。两版百科全书用时三十年，先后共有三万多名各学科各领域最具代表性的专家学者参与其中。目前，中国大百科全书出版社继续致力于《中国大百科全书》（第三版）这一数字化时代新型百科全书的编纂工作，努力构建基于信息化技术和互联网，进行知识生产、分发和传播的国家大型公共知识服务平台。

从图书纸质媒介到公共知识平台，这一介质与观念的变化折射出知识在当代的流动性、开放性、分享性，而努力为普通人提供整全清晰的知识脉络和日常应用的资料检索之需，正愈加成为传统百科全书走出图书馆、服务不同层级阅读人群的现实要求与自我期待。

《〈中国大百科全书〉青少年拓展阅读版》正是在这样的期待中应运而生的。本套丛书依据《中国大百科全书》（第一版）及《中国大百科全书》（第二版）内容编选，在强调知识内容权威准确的同时力图实现服务的分众化，为青少年拓展阅读提供一套真正的校园版百科全书。丛书首先参照学校教育中的学科划分确定知识领域，然后在各类知识领域中梳理不同知识脉络作为分册依据，使各册的条目更紧密地结合学校

课程与考纲的设置，并侧重编选对于青少年来说更为基础性和实用性的条目。同时，在条目中插入便于理解的图片资料，增加阅读的丰富性与趣味性；封面装帧也尽量避免传统百科全书"高大上"的严肃面孔，设计更为青少年所喜爱的阅读风格，为百科知识向未来新人的分享与传递创造更多的条件。

百科全书是蔚为壮观、意义深远的国家知识工程，其不仅要体现当代中国学术积累的厚度与知识创新的前沿，更要做好为未来中国培育人才、启迪智慧、普及科学、传承文化、弘扬精神的工作。《〈中国大百科全书〉青少年拓展阅读版》愿做从百科全书大海中取水育苗的"知识搬运工"，为中国少年睿智卓识的迸发尽心竭力。

本书编委会
2019 年 9 月

目　录

思想的播种者·中国伟大思想家

管　仲

中国春秋时期齐国的政治家、思想家。名夷吾，字仲，谥敬，故又称"管敬仲"，颍上（今安徽省颍上县）人，姬姓之后。在齐国任相40年，以"尊王攘夷"为号召，帮助桓公实行改革，对齐国称霸诸侯起了重要作用。管仲的哲学思想见于《管子》书中。对于管仲的评价，中国学术界有不同的看法。一般认为管仲是中国早期法家思想的先驱。

自然观　管仲的自然观属于朴素唯物主义。《管子》书中的《水地》篇，是战国初期的作品，其中阐述了管仲的思想，认为水是万物的本原，它说："水者，何

也？万物之本原也，诸生之宗室也。"该篇从各方面详细论述了这一原理。如说"水者，地之血气，如筋脉之通流者也"。"人，水也，男女精气合，而水流形"。这些提法尽管不科学，但都属朴素唯物主义的合理猜测。

伦理思想　管仲从治民的立场出发，既强调法制，主张"严刑罚""信庆赏"，又充分肯定道德和道德教化的作用，提出礼义廉耻为守国治民之"四维"。他区分了刑政与德教的不同作用，认为刑政摄以威形，德教化以敬爱。指出治民仅用刑罚，"不足以服其心"，必须辅以德教，"教训成俗，而刑罚省，数也"。管仲还认为，欲民为善，必须保障人民物质生活的消费资料。他说："仓廪实，则知礼节；衣食足，则知荣辱"，从而肯定了物质生活水平与社会道德风尚之间的联系。管仲很重视

统治者自身的道德修养，认为在上者应"称身之过"，"治身之节"。

管仲的伦理思想基本上反映了新兴地主阶级的利益，并为后来的法家伦理思想所汲取。他的"衣食足，则知荣辱"的观点，在中国伦理思想史上产生了深远的影响。

老 子

中国先秦时期哲学家，道家学派创始人。

老子其人 《史记·老子韩非列传》记载："老子者，楚苦县厉乡曲仁里人也，姓李氏，名耳，字聃，周守藏室之史也。"还记有孔子问礼于老子，老子应关令尹喜之求，著书上下篇，言道德之意五千余言等事。但同文中又有两条引起人们争议的记述：一是"或曰：老莱子亦楚人也，著书十五篇，言道家之用，与孔子同时云"；二是孔子去世一百多年后，周太史儋见秦献公，"或曰儋即老子，或曰非也，世莫知其然否"。由此引起了争论，从北魏时期的崔浩起，直至现代，不断有人对老子其人、其书产生怀疑。他们认为《老子》一书并非老聃所著。但也有不少学者指出：老子本传中的两个"或曰"，只是由司马迁"疑以存疑"的史学方法所插进去的"附录"，且这两个附录在先秦有关资料中没有找出有力的支持，所以由此产生的各种推测，皆不能成立；老子即老聃，而非老莱子或太史儋。这些观点已为现今学术界大多数人所赞成。《史记·仲尼弟子列传》中说："于周则老子"，"于楚老莱子"；老子著书上下篇，言道德之意，老莱子则著书十五篇，言道家之用。可见老子与老莱子并非一人。认为老子即太史儋的人认为，聃与儋音同字通，老聃与太史儋均为周史官，老子西出关，太史儋见秦献公亦必西出关，从《史记·老子韩非列传》所记老子之世系，推知老子为战国中期人，太史儋亦为战国中期人。但依此推断老子即太史儋，只是推断之辞，并无任何实据。老子姓李，有人认为李为老子母家之姓。《史记·索引》引三国时期葛玄之言曰："李氏女所生，因母姓也。"老子之称为老，有人认为源于姓的分支，即源于氏。《通志·氏族略》称："以其老也，故以老称之，遂为氏。"也有人认为，老子或当姓老，不应姓李，因为古有老姓而无李姓。老与李古音同，李姓或由老姓转出。

道论 "道"是老子思想体系的核心。老子认为，道是天地万物的本原、本根。"有物混成，先天地生"，"吾不知其名，字之曰道"。作为天地万物存在的本原，道只是一种纯粹的存有，只是一种没有定性的在，老子称其为"无状之状，无物之象"。这一存有，这一无定性的在，既可称之为"有"，也可称之为"无"。作为天地万物之本始，道并不是任何具体的存在，所以它不可名、不可道。就这一意义而言，可以说，道是"无"。然而，道虽然不可名，不可道，但它并非虚无，而是实实在在的存有，是其他一切事物得以生发的根源，就此而言，道又是"有"。道既是万物之始，也是万物之母，天下之物都是由道化生而来的。道化生万物的具体过程是："道生一，一

生二，二生三，三生万物。"道生一，即道生气，道以气之面目展现出来。一气化而分为阴阳二气，即所谓"一生二"；阴阳二气交互感应而形成一种和合状态，即所谓"二生三"；万物就是由阴阳二气交互感应和合而成的，即所谓"三生万物"。

道不仅是事物存在的本原、本根，同时也是事物存在的根据，是万事万物的本体。道化生万物之后，又作为天地万物存在的根据而蕴涵于天地万物之中，成为天地万物的本质。所以，道不仅是一个生成论的范畴，同时也是一个本体论的范畴。天之所以清，地之所以宁，神之所以灵，谷之所以盈，物之所以生，都是因为道在其中。道是事物存在的根据，是事物的本质，同时亦是事物的主宰。

道法自然 道作为天地万物存在的本原与本体，缔造、成就了天地万物。但道成就天地万物，并非有意作为，而完全出于无意作为。老子曰，"人法地，地法天，天法道，道法自然""道法自然"，自然者，自得其然也。自然是对道之状态与作为的形容，而非道之外更有一实体的自然。道虽然成就了万物，但道并不是有意要成就万物；道成就万物并不是为了达到什么目的，而完全是自然而然，完全是自然无为的。"生而不有，为而不恃"，一切因其自然，一切顺其自然，这就是道的本性。道之本性是自然无为，但正是这种无为，成就了有为；正是因为无为，才成就了一切。这种现象，被老子加以哲学的高度概括，就是"无为而无不为"。"无为而无不为"，不仅是道之大德、大用，同时也是支配天地万物之最根本规律，是个人安身立命之根本法则，是所谓"道理"。"不自生，故能长生"，"以其终不自为大，故能成其大"，这是天地万物之理；"夫唯不争，故天下莫能与之争"，"后其身而身先，外其身而身存"，"以其无私，故能成其私"，这就是个人安身立命的根本法则。"无为而无不为"，不仅是道之用、道之理，同时亦是"道术"，是侯王治理国家的根本手段和方法，侯王之"王"天下、治天下，亦当以道为法，"常以无事，及其有事，不足以取天下"。所以，"我无为而民自化，我好静而民自正，我无事而民自富，我无欲而民自朴"。

辩证法思想　老子认为世界上的任何事物都是相比较而存在的。美丑、善恶、有无、难易、长短都是相互依存的，有此才有彼，有是才有非，有善才有恶。表面看来，正相反对的两个方面是相互对立的，而实际上又是相互包含、相互渗透的。"祸兮，福之所倚；福兮，祸之所伏。"任何事物都是你中有我，我中有你，任何事物都不是一成不变的。"反者道之动"，事物发展到一定程度，必然会向相反的方面转化，所谓"物壮则老"，"兵强则灭"。同时，事物的发展、事物向反面的转化，并不是一下子实现的，需要经历一个数量上不断积累的过程。"合抱之木，生于毫末；九层之台，起于累土；千里之行，始于足下。"

社会政治论　在老子看来，道之本性即是自然无为，自然无为乃支配宇宙万物的根本规律，也是人类应当信守的基本行为准则。从无为的原则出发，老子反对人之有为，因为有为破坏了人的原始的自然淳朴，造成了人格的分裂，带来了虚伪、狡诈、贪

欲、罪恶等种种社会丑恶现象。"大道废，有仁义；慧智出，有大伪；六亲不和，有孝慈；国家昏乱，有忠臣。"天下有道，一切都自然而然。不标榜仁义，而自有仁义。等到以仁义相标榜，则意味着仁义已不复存在。由此老子提出"绝智弃诈""绝巧弃利"，主张"小国寡民，使民有什伯之器而不用"，"虽有舟舆，无所乘之；虽有甲兵，无所陈之；使人复结绳而用之"。这是一种复古思想。与这一社会理想相适应，老子还主张贵柔处弱。认为"坚强处下，柔弱处上"，"天下莫柔弱于水，而攻坚强者莫之能先"。进而主张"上善若水"，认为最完善的人格应具有水一样的心态和行为，"处众人之所恶"，去别人不愿去的地方，做别人不愿做的事情，坚忍负重，居卑忍让。

美学思想 老子思想的核心是道，道的本性即是自然，出于对自然的推崇，老子也很推崇素朴和稚拙，认为"大巧若拙"，赞美婴儿"含德之厚"，主张大丈夫"处其实，不居其华"。古朴、稚拙作为一种美的形态，在中国古代一直受到人们普遍的赞颂，与此对立的华艳轻浮，历来为人们所蔑视，这一倾向即受到老子思想的影响。古朴、稚拙之外，老子也很推崇恬淡，认为"恬淡为上，胜而不美"。平淡之美，也为很多人所崇尚，在宋代更成为一种审美风尚。老子"有无相生"以及"有之以为利，无之以为用"的思想，对中国传统美学及传统艺术也产生了很大的影响。中国绘画、中国戏曲一贯强调虚实结合，强调"计白当黑"，强调"空灵"，这些理论源头，正是老子"有无相生"的理论。老子还提出"味无味"。"味无味"本来是讲体道的，因为道无形无味，所以对于道，不能靠感知来认识，只能靠体味才可以觉察。中国古代审美理论很早就认为审美非认识而体验，这也是受到了老子思想的影响。老子讲"涤除玄鉴"，这一理论本来是讲观道的，而审美也必须涤除物欲之心，所以这一理论就为后代美学家所继承，成为中国美学审美观照的理论。

思想影响 老子是道家学派的创始人，其思想影响不仅在道家内无人能比，在道家之外也影响深远。如汉初黄老之学、魏晋玄学、宋明理学都是融合老子思想的结果。其思想影响所及，不仅包括哲学、宗教、政治学、经济学、社会学、美学、伦理学、文艺学、心理学、教育学、逻辑学、修辞学诸学科，而且涉及医药、养生、气功、军事、管理、建筑、园艺等众多领域。中国哲学的很多重要范畴，如道、德、自然、有无、虚静等，均始于老子。老子在中国哲学史上第一个建立了相当完整的形而上学体系。道教自汉代形成后，更尊奉老子为教主，称老子为太上老君、道德天尊，为道教中地位最高的三位尊神之一，奉《老子》一书为《道德经》。《道德经》被作为道教的经典。早在18世纪，西方一些国家就有了《老子》的多种文字译本。《老子》一书是当今除《圣经》外，在全世界出版发行数量最多的一本书，单是日本就有三百多种版本。老子思想早已突破国界，成为全人类共同的精神财富。

孔 子

中国古代思想家、教育家、政治家，儒家创始人。名丘，字仲尼，春秋末期鲁国人。先世为宋国贵族，因避内乱迁居鲁国。父叔梁纥，母颜氏。鲁襄公二十二年（前551）生于鲁国陬邑（今山东曲阜）。鲁国是周公之子伯禽的封地，素有"礼乐之邦"之称；至春秋末，"周礼尽在鲁"，礼乐仍保存完好。鲁国良好的文化环境对孔子思想的形成颇有影响。孔子三岁丧父，家道中落，早年做过管粮仓、管放牧的小官；因"少好礼"，自幼受传统礼制的熏陶，青年时便以广博的礼乐知识闻名于鲁，从事儒者之业，以替富贵者办理丧祭赞礼为生。中年时，聚徒讲学，从事教育活动。年五十，曾一度担任鲁国的"司寇"，摄行相职，不久即弃官离鲁，率弟子周游列国，广泛宣传自己的思想学说，但终不见用。晚年回到鲁国，致力教育事业，整理《诗》《书》等古代典籍，删修《春秋》。相传有弟子三千，著名者七十六人。孔子的思想学说主要汇集在《论语》中。《左传》与《史记·孔子世家》有关孔子言行的记载，也较可靠，都是研究孔子思想的重要资料。

孔子以"仁"为核心，创造性地建构了一个富于哲学智慧的思想体系。

天命鬼神思想 春秋时代，天命神权思想已受到无神论思潮的冲击，天的权威已动摇，神的地位已下降，但作为传统的思想观念，它仍然是一种统摄人心的文化力量。受此影响，孔子有时也把天视为宇宙间有意志的主宰者，如说"天生德于予"，"知我者其天乎？"，"获罪于天，无所祷也"，"天之将丧斯文也，后死者不得与于斯文也；天之未丧斯文也，匡人其如予何"等，都包含着"天"为一有意志的人格神的意味。孔子又认为，天有"天命"，它是超越性存有，不依人的主观意志为必然性，既可决定人的生死，也决定社会的治乱兴衰，"亡之，命矣夫"，"道之将行也欤，命也；道之将废也欤，命也"。人应"畏天命""知天""知命"，认为"不知命，无以为君子也"。只有认识和把握了天命，才能顺天应命，在实现自己的理想和信念的过程中勇往直前，获得"从心所欲不逾矩"的自由。因而他特别强调"为仁由己"，轻鬼神而重人事，"不语怪、力、乱、

神"，主张"务民之义，敬鬼神而远之"。他在肯定超越性存有的同时，充分肯定了人的主体性。

知识论　孔子认为不同的人其知识的来源有很大差别，有"生而知之者"，也有"学而知之者"，因人而异。就一般人而言，其知识都是后天学知的。作为教育家，他希望人们"多闻""多见""多识""多问"，博学多能，择善而从，不善而改；在求知的过程中，应"学而时习之"，采取"知之为知之，不知为不知"的老实态度；既要勤于学习，也要善于思考，因为"学而不思则罔，思而不学则殆"。学是思的基础，思是学的深化，学到的知识经过思考，融会贯通，就能"举一反三""闻一知十""下学上达"，从而丰富和深化人的认识。他主张学以致用，言行一致，"君子耻其言而过其行"，反对言过其行，知

而不行。孔子的"学而知之"、学思并重、知行统一等观点，是人类知识史上有价值的经验总结，对后世产生深远的影响。

中庸之道　中庸之道是孔子的方法论。"中庸"一词始见于《论语》，最初是由孔子提出的一种高尚的美德，"中庸之为德也，其至矣乎！"但在其思想体系中，它又具有方法论的意义。关于"中庸"的含义，孔子有"执两用中""中立不倚"的说法，要求人们在观察和处理问题时，严守中道而不偏于"过"或"不及"。作为一种方法论原则，"中庸"贯串于孔子思想的各个方面。

仁学思想　孔子的仁学是以仁为核心、以礼为外在规范的思想体系。"仁"的概念在春秋时期已广泛使用，孔子赋予新的含义，使其成为中国哲学史上最重要的范畴之一。据《论语》记载："樊迟问仁，子曰：爱人。"又说："夫仁者，己欲立而立人，己欲达而达人。"仁的本义是爱人，视人如己，推己及人，"己所不欲，勿施于人"。这也就是所谓的"忠恕"之道。礼作为一种行为规范，本义为节，即对行为的某种节制、约束。节制就是行为者对他人的宽容、礼让，并通过这一行为实现人际关系的和谐，其精神实质即仁。故云"人而不仁，如礼何""礼之用和为贵""克己复礼为仁"。孔子对人的终极关怀的仁爱思想，表现出一种人本主义倾向。

德治思想　"为政以德"是孔子仁学在政治思想上的必然要求。他认为："道之以政，齐之以刑，民免而无耻；道之以德，齐之以礼，有耻且格。"当政者若仅仅依靠政令与刑罚治理人民，最多使民免于犯罪，但无法使其耻于犯罪；而以伦理道德引导人民，以礼乐教化人民，老百姓不仅耻于犯罪，而且还会自觉地遵守行为规范。当然，德化和刑罚都是不可或缺的，"政宽则民慢，慢则纠之以猛；猛则民残，残则施之宽。宽以济猛，猛以济宽，政是以和。"（《左传·昭公二十年》）良好的社会秩序有赖于"宽猛相济"、德刑并施；但在他看来，刑罚只能矫偏救失，解

孔子杏坛讲学图

决已然的问题，而道德则能防患于未然，使民"有耻且格"。同时，只有以德行政也才能得众，"为政以德，譬如北辰，居其所，而众星共之。"而德政的前提则是为政者"身正"，因为"政者正也，子帅以正，孰敢不正？""其身正，不令而行；其身不正，虽令不从。""自欲善而民善矣"。德政要求惠民、养民、利民，"因民之所利而利之"，使民以义。

伦理学说 孔子建构了以仁为核心的道德规范体系。"子张问仁于孔子，孔子曰：能行五者于天下，为仁矣。请问之，曰：恭、宽、信、敏、惠。"恭、宽、信、敏、惠等道德规范都是仁德的体现。仁并非统治者的特殊行为规范，而是对所有人的道德要求。"弟子入则孝，出则悌，谨而信，泛爱众，而亲仁，行有余力，则以学文。"孝悌为仁之本，它由亲敬长之道拓展而来，以事亲从兄之心对待他人。他提出"性相近，习相远"的人性学说和"为仁由己"的德行修养方法，强调道德修养的主体性，"君子求诸己，小人求诸人"，"仁远乎哉？我欲仁，斯仁至矣"。要求人们"志于道，据于德，依于仁，游于艺"，认为一个有道德的人，应是"无求生以害人，有杀身以成仁"。

义利学说 "义"即道德，亦即人的思想和行为合乎公认的社会准则；"利"是物质利益或功利。在义利关系问题上，孔子主张"义以为质""义以为上"，认为道德价值高于物质利益，人的精神需要远比物质需要有意义。他不否定利的价值，认为"富与贵，是人之所欲也"，追求富贵利禄是人们的普遍心理，"富而可求，虽执鞭之士，吾亦为之"。但认为求利是有条件的，不能"不义而富""放于利而行"，而应"见利思义""见得思义"。在政治实践中，既要"务民之义"，也要惠民、利民、富民，"因民之所利而利之"。

正名思想　孔子是中国古代逻辑思想的启蒙者，他的正名主张包含了对逻辑正名的初步意识。其"名不正，则言不顺"说，认为言有赖于名，名不副实，言就不能顺畅，正名是言论合理的前提和条件。他提出的"君君、臣臣、父父、子子"的正名原则，包含了名实必须一致，名必须具有确定性的逻辑思想。他还提出"慎言""辞达"的主张，要求判断应慎重、恰当；强调推理在认识中的作用，认为"告诸往而知来者""温故而知新"，由已知可以推论未知。他根据同类可以相推的原则，提出"举一反三""闻一知十"的类推方法，即从某类中的一个事物所具有的某一性质，可以推知该类中的其他事物也有此类性质，丰富了中国古代逻辑思想。

尽善尽美论　孔子的美学思想也建立在"仁学"的基础上，并从仁道出发来考察审美和艺术。他对诉之人们感官的声色之美并不采取禁欲主义的态度，但认为感性形式的美只有同伦理道德的善完美统一起来，做到既"尽善"又"尽美"，才算达到了最高的理想。在美与善的关系中，他认为善更根本、更重要，但不否认美所特有的价值，反对只要"质"不要"文"、只要善不要美的观点，强调美与善的和谐统一。

有教无类论　孔子是中国历史上首创私人办学的教育家，在长期的教育实践中积累了丰富的教育经验，创造性地提出了一系

列重要的教育学说。他认为教育是社会发展的重要内容，"子适卫，冉有仆，子曰：庶亦哉！冉有曰：既庶哉，又何加焉？曰：富之。曰：既富矣，又何加焉？曰：教之"。他以"文行忠信"为教育的主要内容，主张"有教无类"，认为每个人都有接受教育的权利；主张"学而时习之"、学思并重、"温故而知新"；提倡"知之为知之，不知为不知"的学习态度。在教学中注重启发诱导、有的放矢，主张"不愤不启，不悱不发"；注重因材施教，根据不同的对象确定不同的教育内容；在言教的同时注意身教，要求自己"学而不厌，诲人不倦"。一生勤奋刻苦，常常忘食、忘忧。

影响与作用　孔子是春秋时代渊博的学问家，中国古代的伟大哲人。孔子思想博大精深，涉及政治、伦理、哲学、历史、文学、宗教、教育等诸多领域，是中华民族智慧的结晶。他所创立的儒家文化是中国传统文化的主干，在漫长的历史长河中深刻地影响着中国社会的发展，其人学思想是人类走向未来的一种宝贵的精神文化资源。

李　悝

中国战国初期魏国政治家。又作李克。有的古书还作里克，或讹作李兑、季充。李悝为魏文侯到武侯时人，曾受业于子夏，做过中山相和上地守。文侯时魏国能走上富强之路，李悝曾在农政、法制等方面作出很大贡献。

李悝以为"为国之道，食有

劳而禄有功，使有能，而赏必行、罚必当"，还要"夺淫民之禄，以来四方之士"。赏罚分明，唯才是用，是战国时甚为流行的法家主张，当时不少国家因贯彻这些主张而走向富强。他还向魏文侯提出遴选任相的标准。

在经济策略方面，"尽地力"是李悝的主要主张。他认为田地的收成和付出的劳动成正比，"治田勤谨则亩益三斗，不勤则损亦如之"。

他还提出平籴法，认为粮贵对士民工商不利，谷贱则伤农，善治国者必须兼顾二者的利益。他指出五口之家的小农，治田百亩，正常年岁收获150石，粮价每石30钱，每年除衣食、疾病、租税和祭祀等开支外，还亏空450钱，这是农民贫困和不安心于田亩的原因，也导致了粮价的上涨。对此，他建议在大熟、中熟、小熟等丰收程度不同的年份，向农民收购余粮；遇到大饥、中饥和小饥等饥荒程度不同的年份，分别把在小熟、中熟、大熟之年所收购的粮食发放出去。平籴法通过"取有余以补不足"，使丰收之年与饥荒之岁的粮价都能保持平稳，不至于过低或过高，民众也不会因此而逃亡或流散，"行之魏国，国以富强。"后世的常平仓当渊源于此。

《法经》的编订，是李悝在法律制度方面作出的重大贡献。春秋末年，晋、郑诸国作刑鼎或刑书，公布新的成文法。到战国，随着社会历史的发展，新出现的成文法典更多。李悝所作《法经》，以刑法为主，分盗、贼、囚、捕、杂、具篇。《盗》律是关于侵犯财产的处治条文。按规定，即便是窥宫及拾遗，也要受膑、刖之刑。《贼》律是有关杀人、

伤人罪孽深重的处治条文。《囚》《捕》两篇是有关劾捕盗贼的条文。《杂》律内容较广。《具》律为总则和序例。《法经》产生后，魏国一直沿用，后由商鞅带往秦国。秦律、汉《九章律》及后世法律皆导源于此。

《法经》早已不存，唯《晋书·刑法志》有简单记载。又明人董说《七国考》中引录一条出自桓谭《新论》的关于《法经》内容的简述。这是我们今天了解《法经》的重要依据。但《新论》于南宋时已散佚，董说这条引文来源不明，因此这条佚文尚有疑点。

李悝的著作著录于《汉书·艺文志》者有法家类《李子》32篇，儒家类《李克》7篇；又兵权谋家《李子》10篇，也可能是李悝所作。李悝的思想和治术都属于法家范畴，故其大多数作品被列入法家类。他和子夏学派有一定的关系，他的有些作品不免带有几分儒家色彩，《艺文志》将其列入儒家也不为无因。以上三种著作早已亡佚，只在魏晋或隋唐时尚有零简残篇传世，如《水经注》和《文选·魏都赋》都引有《李克书》。

商鞅

中国战国时期政治家、思想家，法家代表人物。卫国人。原姓公孙，名鞅，亦称卫鞅。因功受封商（今陕西商县东南）十五邑，故称商君或商鞅。初为魏相公叔痤家臣，后入秦进说秦孝公。始说以"帝王之道"，未能投合；

继说以"霸道"和"强国之术"，遂见重用。秦孝公元年（前356）任左庶长，旋升大良造。先后两次实行变法，主张废井田、开阡陌，奖励耕战，取消分封制和世袭制，实行郡县制，统一法令等。秦孝公死后，商鞅遭贵族诬陷被秦惠王处以车裂之刑。商鞅被杀，但变法成果仍沿袭不变，促使秦国奠定了富强的基础。商鞅无原作。《汉书·艺文志》著录《商君》计29篇，今存24篇，为战国时法家所辑录，这些著作中反映了他的思想。《史记·商君列传》《韩非子》中的《和氏》《定法》《内储说上·七术》《奸劫弑臣》等篇均为研究商鞅思想的重要资料。

商鞅认为人的认识不能脱离客观存在之物，说"夫物至则目不得不见，言薄（迫近）则耳不得不闻，故物至则变（辨），言至则论"。但商鞅却主张愚民政策。他说："愚农不知，不好学问，则务疾农。"商鞅在哲学上的主要贡献是用朴素辩证的观点解释历史现象，指出不同时代有不同的政治措施，说"治世不一道，便国不法古"。他提出了"势"与"数"的重要观念，认为"凡知道者，势、数也。故先王不恃其强，而恃其势；不恃其信，而恃其数"。"势"指时势，"数"指规律。他又认为，"圣人知必然之理，必为之时势，故为必治之政，战必勇之民，行必听之令"。所谓必然之理与必为之时势都是指历史发展的客观必然。商鞅辩证发展的历史观对以后的进步思想家产生了深刻影响。

孟 子

中国战国中期哲学家、思想家、教育家。名轲，邹（今山东邹城东南）人。幼年丧父，家庭困顿，受业于子思的门人。学成之后，收徒讲学，游说诸侯，到过梁国（魏国）、齐国、宋国、滕国、鲁国。孟子曾为客卿数年，因其学说被认为"迂远而阔于事情"，终未能得到实施的机会。晚年退居故乡，专心从事教育活动，与他的高足万章、公孙丑等整理《诗经》《尚书》，阐述和发挥孔子的思想，成《孟子》七篇。

孟子哲学思想的最高范畴是天。他主张天人合一，把"诚"规定为天的本质属性，认为天是人性固有的道德观念的本原。孟子的政治思想和伦理思想以天为基石。凡是人力所不能做到的事情，孟子都归结为天的作用。君子"创业垂统"为的是事业继续，但能否成功则在于天。人的善性来自天赋，人只要反求自身、扩展本性就可以认识天。孟子将道德规范概括为仁、义、礼、智四德，把人伦关系概括为："父子有亲，君臣有义，夫妇有别，长幼有序，朋友有信"。为了说明道德规范的内在根据，孟子又提出了人性本善的理论。他认为，人人内心自然固有的"恻隐之心""羞恶之心""辞让之心""是非之心"是仁、义、礼、智的"善端"，称为"四端"。它是人之所以异于禽兽的本质所在，是人们善德的开端和潜在可能。只要人们扩充善端，存养善性，坚持不懈，都可以成为尧舜圣人。孟子把伦理与政治紧密结合起来，强调道德修养是政治的根本。他继承和发展了孔子的"仁"和德治思想，从"仁义"道德出发推演出"仁政"的政治方案。他把民心的向背看作是政治成败的关键，导出"得民心则得天下，失民心则失天下"的论断。他主张从整理田界开始，采取鼓励生产的措施，给民众以"恒产"，使民安居乐业。他重视对民众的道德教化，提出"尚志"的道德教育原则，以及养气寡欲、改过迁善、反求诸己、专心有恒和循序渐进的教育方法，形成了独具特色的教育思想。

孟子生活的时代百家争鸣，诸说纷纭。孟子捍卫儒家的思想原则，抨击辩驳别家他说。他继承和发展了孔子的思想，提出一个完整的思想体系，得到唐代韩愈及后来大多数儒家思想家的推崇。孟子被推崇为儒家道统的传道人，称为"亚圣"。《孟子》从北宋开始成为儒家的经典，与

位于中国山东邹城的孟子亚圣庙

《论语》、《中庸》和《大学》一起成为士子的必读书。孟子及其思想在中国儒学发展史上居于极其重要的地位。

庄 子

中国战国时期哲学家，道家学派的代表人物。名周，宋国蒙（今河南商丘东北）人。《史记》称其与梁惠王、齐宣王同时，曾在家乡做过管理漆园的小官，在职不久即归隐了。庄子一生贫苦，但却不愿意做官，楚威王闻知庄子很有才能，派人专门请庄子做楚国的宰相，被庄子断然拒绝。其思想主要保存在《庄子》一书中。

作为道家学派的代表人物，庄子继承了老子天道自然的思想，也认为道是世界的最高本原。《庄子·大宗师》说："夫道，有情有信，无为无形；可传而不可受，可得而不可见；自本自根，未有天地，自古以固存；神鬼神帝，生天生地；在太极之先而不为高，在六极之下而不为深，先天地生而不为久，长于上古而不为老。"道虽然不能为人的感觉所感知，但它确实是"自古以固存"的实在，是产生天地万物的最后本原。老子认为道的本性是自然无为，这一思想也为庄子所继承。庄子认为，"天无为以之清，地无为以之宁。"从自然的原则出发，庄子反对人的有意作为。他说："牛马四足，是谓天；落马首，穿牛鼻，是谓人。故曰：无以人灭天，无以故灭命，无以得殉名。"在庄子看来，自由自在是动物的本性，同时也是人的本性。"彼民有常性，织而衣，耕而食，是谓同德。一而不党，命曰天放。"自由自在不仅是人的本性，同时也是人生的理想状态。"彼至正者，不失其性命之情。"从自然的原则出发，庄子对儒家所大力提倡的仁义礼乐也提出批评，指出："意仁义其非人情乎！彼仁人何其多忧也。"圣人制礼作乐，标举仁义，只是激发了人的好知之心，煽动了人的争利的倾向，所以，"礼乐遍行，则天下乱矣。"从自然的原则出发，庄子对人之生死也完全持一种自然的态度，认为"死生为昼夜"，生与死的变更就像昼夜的交替一样，也是一自然现象。"人之生，气之聚也。聚之为生，散之为死。若死生为徒，吾又何患？"所以，"古之真人，不知说生，不知恶死。"从自然的原则出发，庄子认为世间之一切，本无是非、大小的差别，"以道观之，物无贵贱；以物观之，自贵而相贱；以俗观之，贵贱不在己"。庄子哲学的目的在于达到"天地与我并生，而万物与我为一"的境界。

庄子对中国古代哲学的发展有很大影响，魏晋玄学"祖述老庄"，庄子为其思想发源地之一，宋明理学以儒为主，融合道、释，也受庄子思想的影响，庄子所倡导的自然而自由的精神追求，更对阮籍、嵇康、陶渊明、苏轼、李贽等人产生了非常大的影响，中国传统士大夫常出入于儒、道之间，身在庙堂而心在山林，其所追求的山林境界就是庄子哲学所昭示的境界。

荀　子

中国战国末期哲学家、思想家、教育家。名况，字卿，赵国人。生卒年由于史籍记载较略而不详。他生活的时间约为周显王四十四年前后至楚考烈王二十五年左右。据说荀子年十五岁游学于齐国稷下。因齐败于燕，稷下先生分散各国，他也离齐去楚。齐襄王时重回稷下，在稷下先生中"最为老师"，并三次任稷下学宫的最高学官"祭酒"。他曾西入秦，与秦相讨论秦国的短长。他还游历赵国，与楚将临武君在赵孝成王前辩论军事问题。由于遭受谗言，他最终离开齐国，来到楚国。受楚相春申君的委任，任兰陵令。晚年，他积极从事教学、培养人才和著书立说。荀子忧心国君昏乱、国家亡败的混浊之世，不满意于人们弃大道而信吉凶之兆、谋求巫祝之事，尤其痛恨像庄子之类的学者目光浅薄、谨小慎微、巧言善辩、扰乱风俗。于是他与弟子一起总结评价儒、墨、道诸家思想观点及其社会效果，梳理自己的理论学说，撰述数万言，以序排列成篇，是为《荀子》。春申君在楚国的权力斗争中被杀，荀子的兰陵令一职因之被废。他也就滞留于兰陵至终老。

天人观　荀子主张"天人相分"。"天"主要指列星随旋、日月递照、风霜雪露、山川草木的自然界。荀子认为，"天行有常"，天地自然有其固有秩序和运行过程，不依人的好恶而移易。天与人各有职分，其本质差异在于天的自然性和人为的能动性。他强调要"明于天人之分"，不与天争职，更倡"不求知天"。他认为，人事的吉凶和社会的治乱，取决于人的主动所为和积极治理，与自然界的变化没有必然的联系。他提出"制天命而用之"，认为崇敬天而思慕之，顺从天而颂扬之，哪里比得上驾驭"天命"而利用之。他坚决反对放弃人之所为而指望天的功能，认为如此不符合物情。同时，他也提出天地人"相参"的主张。认为人与天既要"分"，更要以其治与天的四时变化、地的山川财富相互配合，达到目的。

知行观　荀子认为人是具有认知能力的，外物是可以被认知的，而人的认知能力只有与外物相接触才能构成知识和能力。人的认知开始于"缘天官"，即以感官接触外物。进而以"天君"（心）来对感性认知分析和辨别。"心"须达到"虚一而静"的"大清明"状态才能"知道"（认识事物的根本规律）。荀子认为，人的认知的闻、见、知、行四个阶段，行是最重要的，"学至于行而后止矣"。荀子提出"解蔽"（解决认识的片面性）的主张。他认为，思想认知上的主要毛病在于以偏概全、以一蔽十。诸子各家都得到"道"（全面的道理）的一隅。要克服认知的片面性，就要"知道"。

人性论　荀子针对孟子的性善论，提出性恶论。他认为，自然而就的谓之"性"，后天人为的谓之"伪"。人若放纵"好利""疾恶""好声色"的本性，必导致犯分乱理、争斗暴力。故圣人出而制定礼法，教化人们，于是辞让行，文理通，天下治。在此基础上，他提出"人之性恶，其善者伪也"的著名论点。他强调"性伪之分"，反对把自然本性与社会

道德混为一物，但又认为两者紧密相连，认为无性则"伪"无以为之，无"伪"则性无以自善。性恶论为他的礼学思想提供了坚实的理论基础，也由此演绎出他的道德修养学说。

群分论 荀子从人的社会本性和利益冲突之间的张力探讨国家社会的起源和礼仪规范的功能。人具有区别于动物而自觉地组成社会群体的能动性。人与人之间一方面有利益冲突，另一方面又由于自然的分工而必须互通有无、相依而存。为此，人们实行职业分工和贵贱长幼的分等，以特定的权利义务关系体系组成社会群体，以分而求群体的和谐，以达到一致、多力、胜物和群体生存的目的，此即"明分使群"。他认为，"分"是群体的前提，是社会的根本利益所在。它虽是"不同""非齐"，却只能由"不同"而"一"、由"非齐"而"齐"，只有"明分"才能"群居和一"。

古今论 荀子通过对古今问题的总结，对历史发展中社会制度的继承和变革的关系问题进行了探讨。他认为，历史总是处在更新代谢的发展过程中，要承认今胜于古。一定要以今天的眼光回头看千年之前，要以现实的需要去研究历史，站在今天的高度去衡量古人，所谓"善言古者必有节于今"。另一方面，他又认为历史发展的规律（道）无时不在、无处不有。古今虽有差异性，更具有一致性，所谓"以道观尽，古今一也"。在认识到历史的古今差异基础上，要从"道"去把握古今发展的一致性，从而认知历史发展的规律性和连续性。

伦理思想 荀子提出包括仁、义在内，以礼为核心的道德规范体系。他特别强调"分""辨"

"别"，主张贵贱要有等级，长幼要有差别，贫富要有与之相称的地位。他认为，君臣、父子、兄弟、夫妇等人伦与天地同道理、与万世同长久，是人之社会的根本。他肯定义与利都是人需要的。认为重利轻义，义利两失；重义轻利，义利两得。他特别重视道德教育，关注外部环境对道德的影响，强调后天的学习和积累，要求人们积善成德，成为圣人君子。

逻辑思想　荀子是对先秦逻辑思想最有贡献的思想家之一。他对诡辩论者制造各种奇谈怪论、造成人们认知上的疑惑和混乱深恶痛绝，提出必须根据"实"（事实或对象）使"名"（概念）含义明确，并为此研究了概念、判断、推理等思维形式。他系统地讨论了制名的原则和方法。认为，同实则同名，异实则异名，遍举一类的全体则用共名，偏举一类

的部分则用别名。他十分强调正名，认为诡辩论者往往"以名乱名""以实乱名""以名乱实"来制造惑乱，因此要使名正确地反映实，做到听到名就明白所指之实，名确定了其所指之实也就辨明了。他还提出"以类度类"的类推思想。同类事物必有相同的本质，要充分利用各种条件、方法和已有的知识去推知未知的世界。

教育思想　荀子从道德教育的意义上讨论了教育的目的、教育的原则和学习的方法等诸方面的问题。他强调后天环境和教育对人性的改造作用，以培养士、君子、圣人作为教育的目的，而以学为圣人为最高目的。崇礼尚义、隆师亲友是道德教育的内容，参验反省、择善而从、积善成德是教育的方法。学习就是要学《诗》《书》《礼》《乐》《春秋》

等儒家经典，其中最重要的是学《礼》。他具体阐述了强学力行、学思兼顾、积渐全尽、专一有恒的学习方法。

政治法律思想 荀子坚持儒家的礼治理念，系统全面地发展了儒家的礼治学说。他在性恶论的基础上对礼的内在根据和起源进行阐述，提出以礼来调节社会秩序与人们欲望发展的矛盾，整合社会的财产和权力的等级关系。他提出"隆礼重法"的主张，赋予礼以法律的品格，将礼作为立法与类推的根本原则和国家社会的根本大法。他重礼又重法，主张设置必要的刑罚以惩违礼犯法。他主张制定和公布成文法典，实行国家治理的法治化。同时他又强调人在法治中的作用，所谓"法不能独立，类不能自行"。把完善法律的制定和严格法治的实施依赖于圣君贤相出现，将人的

作用置于法之上。在执法上，他主张"法胜私"，不分贵贱亲疏，一律依法断处。为了补救法律的不完备，他又允许议处，实行类推。他坚决反对法家的轻罪重罚、以刑去刑的主张和族诛连坐的做法，提出"刑当罪"的观点。

荀子学识渊博，论述广泛，在战国末期天下走向一统的历史时期，批判吸收各家思想，继承和发展了孔子思想，在儒家中自成一派。荀子在汉代曾有广泛影响，对西汉经学的发展发挥了特殊作用。由于思想观点上的原因，荀子后来受到人们的指责和非议，唐代的韩愈说其"大醇小疵"。程朱理学更是扬孟抑荀。清代末年，梁启超、章太炎等人对荀子及其学说重新作出评价，肯定其在历史上的重要地位。荀子在中国儒学思想发展史上发挥了极其重要的作用已成为人们的共识。

墨 子

中国战国初墨家创始人。姓墨名翟，常居鲁。熟悉木工等手工业技巧，从手工业者上升为士。自比贱人，称"翟上无君上之事，下无耕农之难"。好学而博。曾就学于史官史角的后代，又曾"学儒者之业，受孔子之术"。后不满儒学，自创对立学派。他重视身体力行，日夜不休，以自苦为极，载书游说齐、卫、宋、楚，引证《诗》《书》《春秋》，上说下教，宣传学说。从事止楚攻宋郑、止齐攻鲁活动，实施非攻主张。劝卫畜士备御。劝齐项子牛停止伐鲁。献书楚惠王，辞绝封地。谢绝越王邀官许封。推荐门徒做官，

推行政治主张。《墨子·尚贤》至《非命》和《耕柱》至《公输》等篇，载墨子的哲学思想。

墨子提倡经验论的认知论，强调知识来源于众人耳目之实，以视听感觉为判定有无的根据。提出检验认知的三条经验标准。认为知名与察实、取实结合，才能构成完整的知识。某些观点有理性论倾向：认知要察类、知类，辩故、明故；重视"方法""法则"的探究；要求"以见知隐"，从现象到本质；"以往知来"，从过去推知未来；认为往者和来者都可知，肯定认知的预见性。批评儒家命定论，认为"命者暴王所作，穷人所述，非仁者之言"，"足以丧天下"，"贼天下之人"。提倡积极发挥人力改造自然的作用，"赖其力者生，不赖其力者不生"，指出人兽之别在于能否用力生产劳动。

墨子提出尚贤、尚同、兼爱、非攻、节用、节葬、非乐的政治哲学观点。主张任人唯贤，"虽在农与工肆之人，有能则举"，强调"官无常贵，而民无终贱"，反对任人唯亲。主张"选择天下贤良"，"使从事乎一同天下之义"。认为兼相爱、交相利，天下就没有强执弱、众劫寡、富侮贫、贵傲贱、诈欺愚和攻伐掠夺。批判厚葬靡财、奢侈逸乐。

墨子在争鸣辩论中提出名、辩、类、故、法、悖等逻辑概念。要求名实相符，"能谈辩者谈辩"，将辩论技巧作为知识传授。要求辩论"察类，明故"，"无故从有故"，重视"方法"的探究。常用归谬法和归谬式类比推理揭露论敌的自相矛盾。批评"世俗之君子，贫而谓之富则怒，无义而谓之有义则喜"是"悖"；儒家"教人学而执有命，是犹命人包而去其冠"，"执无鬼而学祭礼，是犹无客而学客礼"，无鱼而为渔网，公输般"义不杀少而杀众，不可谓知类"。对后期墨家建立古代逻辑体系起了启蒙和奠基的作用。

根据有人曾"见鬼神之物，闻鬼神之声"的错觉和古书对鬼神的讹传，得出鬼神存在的谬论，是其经验论的流弊。把天说成有意志的人格神，相信鬼神能赏善罚暴；说兼相爱、交相利是顺天意，必得赏；别相恶、交相贼是反天意，必得罚；把天志、鬼神作为推行政治主张的工具。这些迷信谬说为狭义《墨经》4篇所抛弃。

墨子创立了与儒家对立的学派，积极参与当时政治、经济、文化、社会、学术、军事与外交活动，留下丰富文献典籍，产生重大社会影响。从战国到汉初，与孔子齐名。墨子哲学是中国哲学史的重要一环。

董仲舒

中国汉代唯心主义哲学家和政治家。景帝时任博士，讲授《公羊春秋》。汉武帝元光元年（公元前134），董仲舒在著名的《举贤良对策》中，提出他的哲学体系的基本要点，并建议"罢黜百家，独尊儒术"，为汉武帝所采纳。其后，任江都易王刘非的国相10年；元朔四年（公元前125），任胶西王刘端的国相，4年后辞官回家。此后，居家著书，朝廷每有大议，令使者及廷尉就其家而问之，仍受武帝尊重。董仲舒著作很多，据《汉书·董仲舒传》称："凡百二十三篇"，外加说《春秋》的《玉杯》等数十篇十余万言。现在尚存的有《春秋繁露》及严可均《全汉文》辑录的文章两卷。

董仲舒以《公羊春秋》为依据，将周代以来的宗教天道观和阴阳、五行学说结合起来，吸收法家、道家、阴阳家思想，建立了一个新的思想体系，成为汉代的官方统治哲学，对当时社会所提出的一系列哲学、政治、社会、历史问题，给予了较为系统的回答。

"天"的学说 在董仲舒哲学体系中，"天"是最高的哲学概念，主要指神灵之天，即西周以来传统宗教神学所说的"百神之大君"，是有意志、知觉，能主宰人世命运的人格神。董仲舒把道德属性赋予苍苍的天，使其神秘化、伦理化。

董仲舒吸收阴阳五行思想，建立了一个以阴阳五行为基础的宇宙图式。他说："天地之气，合而为一，分为阴阳，判为四时，列为五行"（《春秋繁露·五行相生》），认为阴阳四时、五行都是由气分化产生的，天的雷、电、风、霹、雨、露、霜、雪的变化，都是阴阳二气相互作用的结果。他说："天地之气，阴阳相半，和气周旋，朝夕不息"。"运动抑扬，更相动薄，则薰蒿歊蒸，而风、雨、云、雾、雷、电、雪、雹生焉"（《董子文集·雨雹对》）。董仲舒又把天体运行说成是一种道德意识和目的的体现。在《对策》中，他说："天道之大者在阴阳。阳为德，阴为刑；刑主杀而德主生。是故阳常居大夏，而以生育养长为事；阴常居大冬，而积于空虚不用之处。"认为天任阳不任阴，好德不好刑。四季的变化体现了天以生育长养为事的仁德。董仲舒给天体加上了道德的属性，自然现象成为神的有意识、有目的的活动，甚至日月星辰、雨露风霜也成了天的情感和意识的体现，说："阳气暖而阴气寒；阳气予而阴气夺；阳气仁而阴气戾；阳气宽而阴气急；阳气爱而阴气恶；阳气生而阴气杀"（《春秋繁露·王道通》）。

天人感应说 董仲舒哲学所要解决的主要是天人关系问题。在探讨这一问题时，他颠倒自然和精神的关系，构造了一个以天人感应为核心的唯心主义体系。

天人感应说有两个要点：①神

学的灾异谴告说。认为"国家将有失道之败，而天乃先出灾害以谴告之，不知自省，又出怪异以警惕之，尚不知变，而伤败乃至"（《对策》）。灾异谴告，被认为是天对君主的爱护和关心。②"天人同类""天人相副"说。认为"天有阴阳，人亦有阴阳，天地之阴气起，而人之阴气应之而起。人之阴气起，而天地之阴气亦宜应之而起，其道一也"（《春秋繁露·同类相召》）。上述两点往往交错或一道出现。天人感应说牵强附会，带有浓厚的神秘色彩，有碍人们正确地认识自然和社会。他宣扬这一学说，也包含着限制君权、维护封建地主阶级长远利益的目的。

人性论 在天人感应的基础上，董仲舒提出了他的人性理论。他认为人是宇宙的缩影，是天的副本。他说："天地之精所以生物者，莫贵于人。"认为人是宇宙的中心，天按照自己的意志创造人，人的性情禀受于天。他比附说："天两，有阴阳之施，身亦两，有贪仁之性。"他还指出，人与禽兽不同，具有先天的善质，但这种善质是潜在的，要经过教育才能转化为人道之善，说："循三纲五纪，通人端之理，忠信而博爱，敦厚而好礼"。董仲舒将性划分为"三品"，认为"圣人之性"是善性，"斗筲之性"是下愚者，都不可以名性。只有"中民之性"才可以名性。他认为被统治者的大多数属于"中民之性"，需要统治者加强道德教育。

伦理学说 董仲舒对先秦儒家伦理思想进行了理论概括和神学改造，形成了一套以"三纲""五常"为核心，以天人感应和阴阳五行说为理论基础的系统化、理论化的伦理思想体系。他

认为道德是"天意""天志"的表现，他说"阳贵而阴贱，天之制也"，"君臣父子夫妇之义，皆取诸阴阳之道。君为阳，臣为阴，父为阳，子为阴，夫为阳，妻为阴"。从天人感应的神学目的论出发，董仲舒把人性看成是人"受命于天"的资质，并明确指出人性包括"性"与"情"两个方面。他认为，性表现于外则为仁，可以产生善；"情"表现于外则为贪，可以产生恶。因此，必须以"性"控制"情"，"损其欲以辍其情以应天"。人性虽然体现了天，可以产生善的品质，但这只是就其可能性而言，只有接受"圣人"的道德教育，然后才可以为善。所以必须以道德教化的"堤防"，阻止"奸邪并出"。董仲舒继承了先秦时期孔子、孟子的义利观，提出"正其道不谋其利，修其理不急其功"的主张，强调义重于

利。在志与功的关系上，他强调志，主张"本其事而原其志，志邪者不待成"，认为动机（志）不善就可以惩罚，不必等到酿成事实。

董仲舒所建立的伦理思想体系，反映了加强君权、巩固封建中央集权的客观需要，在历史上起过一定的进步作用。但体现在他的伦理思想中的"政权、族权、神权、夫权"，却是束缚中国人民的四条极大的精神绳索，在长期的封建社会中给人民带来了深重的灾难。

历史观和社会政治思想 董仲舒认为，历史是按照赤黑白三统不断循环的。每一新王受命，必须根据赤黑白三统，改正朔，易服色，这叫"新王必改制"，但是"大纲人伦，道理、政治、教化、习俗、文义尽如故"，封建社会的根本原则，是不能改变的。"王者有改制之名，无易道之实"。

这种"天不变道亦不变"的形而上学思想，以后成为封建社会纲常名教万古不灭的僵死教条，起了阻碍社会发展的作用。

董仲舒生活的时代，土地兼并日趋严重，阶级矛盾日益剧烈。官僚、贵族、侯王凭借封建特权，对土地进行大规模的掠夺，种种违法逾制行为十分严重。针对这些情况，董仲舒提出"限民名田，以赡不足，塞兼并之路；盐铁皆归于民；去奴婢，除专杀之威；薄赋敛，省徭役，以宽民力"(《汉书·食货志》)。他主张减轻对农民的剥削和压迫，节约民力，保证农时，使土地和劳动力有比较稳定的结合，以缓和阶级矛盾，促进社会生产的发展，巩固大一统的封建国家，这些建议和主张在当时有进步意义。

董仲舒把儒学神学化，为当时封建制度提供了主要的理论根据。因而被尊为群儒首，成为汉代和整个中国封建社会的重要理论家。

董仲舒所处的时期，是地主阶级和封建制度上升的阶段。他的哲学思想适应了这一社会发展的需要，对社会的发展有积极意义；但随着封建地主阶级趋于保守，他的哲学 – 神学理论越来越成为社会发展的阻力。

王 充

中国东汉哲学家、思想家、文学批评家。字仲任，会稽上虞（今属浙江）人。出身"细族孤门"，少年时曾到洛阳太学学习。他博览群书又不守章句，掌握了

丰富的知识。王充担任过地方官员，因与上司不合而辞官还家，潜心著述。王充的著作有《讥俗》《政务》《论衡》《养性》等书，现仅存《论衡》。

在天道观上，王充用天地表示整个自然界，认为天地之间充满元气，元气交感产生万物，在万物背后没有一个指使它们生成变化的主宰，驳斥了"天人感应"说和谶纬迷信的"祥瑞"说、

"谴告"说，认为灾异现象是自然界自身的变化引起的，与社会政治好坏无关。对当时流行的世俗迷信，王充也进行了批判。关于形神关系，指出人的精神不能离开形体单独存在。精神是人体内"精气"的作用，精气依赖人的血脉，人死精神即散。在认知论上，王充否认"生而知之"，强调学以求知。他提出"实知""效验"的观点，认为实效、事实是检验认知是否正确的标准，指出圣贤的言行也不都是正确的。王充还较全面地阐述了逻辑学中的论证问题，肯定"推类之知"在认识中的作用。在人性和教育的关系上，既认为人性善恶与人禀受的气有关；又强调后天教育对人"性行"的决定作用，指出人性可以通过教育而改变。王充的伦理思想重视功利，同时肯定道德的社会作用，认为治国必须以德为主。他

强调人民群众的物质生活对于社会道德状况的制约作用。在历史观上，反对崇古非今，认为历史是不断发展的，后起的朝代较之已往的朝代总是后来居上。在文学理论方面，王充强调"真"是"美"的基础，他主张文章的内容必须真实，反对描写虚妄的迷信内容；认为文章应有利于社会教化；强调文章的内容和形式必须统一，反对"华伪"之作；注重独创精神，反对模拟因袭；提倡文章语言的口语化，反对古奥艰涩的文风。

王充在中国思想史上占有重要地位。他对古代哲学中天人关系、形神关系问题做出了新的回答；在认知论、历史观方面的探索，为后起的哲学开拓了思路；对谶纬神学和天人感应论的尖锐批判，推动了中国古代理论思维的发展。王充的思想也有一定的局限性，如用元气理论直接说明社会现象；不了解造成人们等级差别的社会原因，甚至用骨相解释人的富贵贫贱。

鸠摩罗什

十六国时期后秦僧人，中国佛教四大译经家之一，又译"鸠摩罗什婆""鸠摩罗耆婆"等，略称"罗什"。意译"童寿"。祖籍天竺，父鸠摩罗炎原是印度国相，后舍相位迁居龟兹国（今新疆库车一带）。罗什生于龟兹，7岁随母出家，9岁随母去罽宾游学，从名德槃头达多法师学《杂藏》《中阿含》《长阿含》等。12岁随母回龟兹，时遍通小乘经论及世俗文典。后随莎车王子须利耶苏摩学《中论》《百论》《十二门论》等。复从佛陀耶舍授读《十诵律》等。罗什回龟兹后，广学大小乘经论，讲经说法，成为中观大师，名闻西域诸国，在汉地也有传闻。

前秦建元十八年（382），苻坚遣吕光破龟兹，劫罗什至凉州。

鸠摩罗什雕像

后秦弘始三年（401），后秦王姚兴攻伐后凉，迎罗什至长安，请入住西明阁及逍遥园，待以国师之礼，并在长安组织了规模宏大的译场，请罗什主持译经。此后十余年间，罗什悉心从事译经和传法。据《出三藏记集》载，罗什在弘始四年至十五年间，共译出经论35部，294卷。其中重要的有《大品般若经》、《小品般若经》、《法华经》、《金刚经》、《维摩经》、《阿弥陀经》、《首楞严三昧经》、《十住毗婆沙论》、《中论》、《百论》、《十二门论》、《成实论》及《十诵律》等。所译经典非常广泛，重点在般若系的大乘经典和龙树、提婆一系的中观派论书，内容信实，文字流畅，有些经典后虽有新译，仍难以取代，在中国佛经翻译史上有划时代的意义。自佛教输入，汉译佛经日多，但所译佛经"多滞文格义"，"不与胡本相应"，罗什所译，义皆圆通。罗什在翻译文体上一变过去朴拙的古风，创造出一种读起来使人觉得具有外来语与汉语调和之美的文体，即充分照顾到中国人的语言文字习惯，又力求不失梵文原意。其所译经典，影响很大，成为中国佛教宗派所依据的重要著作。僧肇、道生、道融、僧睿等名僧皆出其门下。

范 缜

中国南朝齐、梁时期无神论思想家，字子真，南阳舞阴（今河南泌阳西北）人。青年时曾拜当时著名儒者刘瓛为师，"博通经术，尤精'三礼'"，受到时人赞誉。范缜"性质直，好危言高论"，约在 35 岁以后走上仕途，在齐、梁先后任太守、中书郎。

范缜的无神论思想是在反对佛教的斗争中形成的。他曾同佛教有神论者进行过两次公开的大论战。第一次是在齐竟陵王萧子良做宰相时辩论因果。对方质问范缜说，倘若不是因果报应，为什么世上有的人富贵，有的人贫贱，有的人享福，有的人受苦？范缜以偶然论反驳说，人生好像同一棵树上的花朵，有些花瓣被吹到厅堂里，落在席子、坐垫上，也有些花瓣飘落进厕所里、粪坑中。这完全是自然现象，偶然的遭遇，"贵贱虽复殊途，因果竟在何处？"在这场论战之后，范缜"退论其理，著《神灭论》"。此论一出，朝野喧哗，"子良集众僧难之而不能屈"。萧子良又派王融去威胁利诱他，范缜表示决不"卖

论取官"。

梁武帝萧衍在天监六年（507）对范缜无神论思想进行第二次围攻，而且亲自写了《敕答臣下神灭论》，声称"神灭"思想是"违经背亲，言语可息"，并说"神灭之论，朕所未详"。梁武帝发动"王公朝贵"64人，先后发表反驳《神灭论》的文章75篇，企图压服范缜。范缜始终不屈，继《神灭论》之后，又写了《答曹舍人》，予以反击。范缜《神灭论》的主要论点是：①形神相即。"即"就是彼此不分离。认为形在则神存，形谢则神灭。他把这种形神关系称作"形神不二"。"形"和"神"的意思是"名殊而体一"。②形质神用。"质"是指形质、实体；"用"则指质、体的功用、作用，为了有力地阐明这一论点，范缜提出了著名的"刃利之喻"的譬喻：精神作用和产生它的物质形体的关系，就像锋利和刀刃的关系一样，有刀刃，就有锋利；刀刃没有了，锋利也就谈不上了。人的形体倘已消失，精神自然也就不存在了。这一比喻克服了历来以烛（薪）火喻形神而可能导致的形神相分的弊病。③特定的质决定特定的用，精神作用是人特有的功能，不是任何形体都具有精神作用。④人的精神活动必须以一定的生理器官为基础。感觉和思维是统一的精神作用的不同组成部分，都不能离开人的形体而独立存在。此外，《神灭论》还较全面地揭露了佛教信仰造成的社会危害。

范缜继承了前人反对佛教的传统，应用了魏晋时代有关体用之辩的思维成果，提出了形体是"质"，精神是"用"，"形""神"不可分离的论断，进一步抓住了问题的核心，动摇了"神不灭"

论的理论基础，把中国古代的无神论思想提高到一个新的水平。

《神灭论》载于《梁书·范缜传》和梁代僧祐编撰的《弘明集》中。后者还载有《答曹思文难神灭论》（即《答曹舍人》）。范缜还有散见在别处的几篇短文，收录在清代严可均编的《全上古三代秦汉三国六朝文》中。

慧能

中国佛教禅宗创始人，又作惠能。祖籍河北。慧能3岁丧父，家境贫寒，少时随母采薪度日。24岁时，偶然闻人诵读《金刚经》，甚有体会，于是决心归向佛门，后拜禅宗五祖弘忍为师。

慧能无文化，被弘忍派去干担水、舂米等杂役。8个月后，弘忍欲物色继承人，让众僧各写一偈以试高下。弘忍弟子中学业、声望最高的神秀作偈于墙上说："身是菩提树，心如明镜台；时时勤拂拭，勿使惹尘埃。"深得众僧的称赞。慧能却以为神秀未得禅学要旨，于是也作一偈："菩提本无树，明镜亦非台；本来无一物，何处惹尘埃？""菩提"、"明镜"都是"觉"的象征，不得执著为实有。神秀主张"时时勤拂拭"，即主张不断排除外界对内心的影响，表明他未得空观真谛。慧能则连"菩提""明镜"也都否定了，是彻底的空观。

弘忍极为赞赏慧能的偈，当夜即亲自单独给他讲授《金刚经》，慧能听后豁然大悟。弘忍把法衣传授给他。为防止神秀一派加害慧能，还嘱他立即回南方隐居。

慧能回到岭南过了 16 年，即弘忍死去两年后，开始公开参加佛教活动。有一次在黄河法性寺听印宗法师讲授《涅槃经》时，清风吹动旗幡，引起两个僧人的争论，一说风动，一说幡动。慧能则说，既不是风动，也不是幡动，而是两位的心在动。慧能的议论引起印宗的重视，于是与慧能谈论佛法。慧能乘机示以弘忍所传法衣，公开嫡传身份。自此慧能正式落发为僧。

唐高宗仪凤二年（677），慧能移住曹溪宝林寺，前后讲法 30 多年，影响越来越大。武则天、唐中宗曾诏谕他入京，均被婉言谢绝，"遂送百衲袈裟及钱帛等供养"。

慧能本人并无著作，传说韶州刺史韦据曾请他在大梵寺讲佛法，弟子法海将记录加以整理，是为《坛经》。

慧能佛教学说的哲学基础是性净自悟，要旨有四：①一切众性皆有佛性。慧能认为人人皆可成佛，因为人人都具有佛性。佛性的"性"原为"界"，不是"性质"，而是"因"的意思，即人人都有成佛的可能性或根据。②无念为宗。《坛经》提出"世人性净"，人人都具有清净的佛性。但由于有妄念浮云遮盖，清净的佛性显现不出来。所以要下一番功夫把妄念浮云吹散，使清净的佛性显现出来。而要吹散妄念浮云，并非难事，只要"无念"即可，"无念法者，见一切法，不著一切法"。"无念"是不著一切法，不于外著境，并非如同木石一般地无任何感知。③顿悟成佛。佛的境界需要经过长期修行才可达到，还是当下觉悟就可达到，即所谓渐悟还是顿悟，慧能主张顿悟。"迷来经累劫，悟则刹那间"，只要一念与教义一致，就可成佛。④行住坐卧皆是坐禅。慧能以前的禅宗都把坐禅当成修行成佛的重要方法。慧能则反对坐禅，认为坐禅不但不能使人成佛，反而会使人离佛更远。他还对禅定作出新的解说，"外离相曰禅，内不乱曰定"。外离相就是不执取外境，内不乱就是无妄念。不于外著境和"无妄念"都是"无念"，只要做到"无念"，就体现了禅定功夫。这是对禅学理论的重大发展。

慧能的佛教理论比三论宗、天台宗、唯识宗、华严宗的学说都更为明快简易，从而吸引了更多的信徒，流行也更为久远。他的禅学思想对中国中唐以后的佛教及宋明理学都产生了广泛而深远的影响。

司马光

中国北宋思想家、历史学家。字君实，陕州夏县（今属山西）涑水乡人，旧称涑水先生。宋仁宗宝元初进士，由地方官进天章阁待制兼侍讲、知谏院。英宗时，进龙图阁直学士。治平三年（1066）献《通志》8卷，修出战国至秦末编年史，供帝王阅读。英宗甚喜，命他自选史官，专设书局，续修此书。神宗以《通志》"鉴于往事，有资于治道"，赐名《资治通鉴》。熙宁初，神宗任用王安石实行变法，他因力诋新政，于熙宁三年（1070）出知永兴军（今陕西西安），又迁知许州（今河南许昌）。次年请判西京（河南

司马光主编《资治通鉴》时残存的墨迹

洛阳）御史台，迁书局于此，居洛15年，专修《通鉴》，至元丰七年（1084）全书修成，历时19年。哲宗即位后，他以尚书左仆射兼门下侍郎，入主国政，驱除新党，尽废新法，史称"元祐更化"。居相8个月而病卒，追封为太师温国公，谥文正。他著作很多，除《通鉴》外，还有《司马温公文集》《稽古录》《迁书》《潜虚》等。

司马光一生的主要活动是修史与反对变法。他曾被称为北宋道学"六先生"之一，与道学之兴有密切关系。他认为，天是自然、社会和人生的最高主宰，"人之贵贱贫富寿夭系于天"，一切全由天命所定，人力不能使它改变。他还说："天地不易也，日月无变也，万物自若也，性情如故也，道何为而独变哉？"认为社会历史有万世不易之规，即礼义纪纲。

他很强调仁义礼智等封建道德的作用，认为这是决定社会治乱兴衰的根本。他还提倡"诚"的修养境界。他用唯心主义天命论和道德决定论维护封建社会的统治秩序。为了使统治者汲取历史教训，司马光在史书中也曾揭露了一些苛政严酷、社会腐败、民不聊生的史实，对于了解封建社会的历史有一定参考价值。

王安石

中国宋代改革家、思想家和文学家，字介甫，号半山。江西临川（今江西抚州）人，世称"临川先生"。庆历二年（1042）进士第四名及第，历任淮南（扬

州）节度判官厅公事、知鄞县（今浙江宁波）事、舒州（今安徽潜山）通判，一度调开封任群牧司判官，旋又外调知常州事、提点江南东路刑狱公事，继召为三司度支判官、知制诰。多年的地方官经历，使王安石认识到宋代社会贫困化的根源在于兼并，宋朝统治所面临的危局是"内则不能无以社稷为忧，外则不能无惧于夷狄"。因此，王安石在嘉祐三年（1058）上宋仁宗赵祯的万言书中，要求对宋初以来的法度进行全盘改革，扭转积贫积弱的局势。王安石对改革抱有士大夫群中少见的紧迫感，大声疾呼："以古准今，则天下安危治乱尚可以有为，有为之时莫急于今日"，要求立即实现对法度的变革；不然，汉亡于黄巾，唐亡于黄巢的历史必将重演，宋王朝也必将走上覆灭的道路。士大夫也把治国太平

的厚望寄托于王安石，期待他能早日登台执政。熙宁初，王安石以翰林学士侍从之臣的身份，同年轻的宋神宗赵顼议论治国之道，深得宋神宗赏识。熙宁二年（1069），王安石出任参知政事，次年，又升任宰相，开始大力推行改革。

王安石变法的目的在于富国强兵。王安石明确提出理财是宰相要抓的头等大事，阐释了政事和理财的关系，指出"政事所以理财，理财乃所谓义也"。更重要的是，王安石在执政前就认为，只有在发展生产的基础上，才能解决好国家财政问题："因天下之力以生天下之财，取天下之财以供天下之费。"执政以后，王安石继续发挥了他的这一见解，曾经指出："今所以未举事者，凡以财不足故，故臣以理财为方今先急"，而"理财以农事为急，农

以去其疾苦、抑兼并、便趋农为急"。在这次改革中，王安石把发展生产作为当务之急而摆在头等重要的位置上。王安石认为，要发展生产，首先是"去（劳动者）疾苦、抑兼并、便趋农"，把劳动者的积极性调动起来，使那些游手好闲者也回到生产第一线，收成好坏就决定于人而不决定于天。要达到这一目的，国家政权须制定相应的方针政策，在全国范围内进行从上到下的改革。王安石虽然强调了国家政权在改革中的领导作用，但他并不赞成国家过多地干预社会生产和经济生活，反对搞过多的专利征榷，提出和坚持"榷法不宜太多"的主张和做法。在王安石上述思想的指导下，变法派制定和实施了诸如农田水利、青苗、免役、均输、市易、免行钱、矿税抽分制等一系列的新法，从农业到手工业、商业，从乡村到城市，展开了广泛的社会改革。与此同时，王安石为首的变法派改革军事制度，以提高军队的素质和战斗力，强化对广大农村的控制；为培养更多的社会需要的人才，对科举、学校教育制度也进行了改革，王安石亲自撰写《周礼义》《书义》《诗义》，即所谓的《三经新义》，为学校教育改革提供了新教材。

变法触犯了大地主、大官僚的利益，两宫太后、皇亲国戚和保守派士大夫联合起来，共同反对变法。因此，王安石在熙宁七年（1074）第一次罢相。特别是由于变法的设计者王安石与变法的最高主持者宋神宗在如何变法的问题上产生分歧，王安石复相后得不到更多支持，不能把改革继续推行下去。加上变法派内部分裂，爱子王雱的病故，王安石于熙宁九年第二次辞去宰相职

王安石手书《楞严经旨要卷》

务，从此闲居江宁府。宋哲宗元祐元年（1086），保守派得势，此前的新法都被废除。政局的逆转，使王安石深感不安，当他听到免役法也被废除时，不禁悲愤地说："亦罢至此乎！？"不久便郁然病逝。

王安石的成就是多方面的。在哲学思想方面，他的认识论路线属于唯物主义，他还继承和发扬了老子的一些思想，传统的朴素的辩证法思想得到了发展。《洪范传》《老子注》是他在这方面的主要著作，后者已经散佚，仅在彭耜《老子道德真经集注》等书中还保存了若干条目。王安石是欧阳修倡导的北宋诗文革新运动的积极参加者。他的文学观随着变法思想的形成而明显地表现出功利主义的倾向。他的文学主张的核心是："文章合用世"（《送董传》），"务为有补于世"（《上

人书》）。但不否定修辞技巧的作用："容（形式美）亦未可已也，勿先之，其可也"（同前）。他的文学创作正是这种主张的具体实践。他是唐宋八大家之一。他的散文创作以论说文的成就最为突出。大致可以分为4类：①直接向皇帝陈述政见的奏议；②是针砭现实的杂文；③是人物论和史评；④书序和信札及其他。在《周礼义序》《诗义序》等学术著作中体现了他反传统的政治态度和"简而能庄"，字字着力，逻辑严密，胸怀磊落文风。他的人物传记如《先大夫述》《伤仲永》，语言朴实，虽着墨不多，却给人以鲜明印象。他的散文中墓志碑文为数甚多，文笔简妙老洁，偶尔插入几则生动故事，显得重点突出，亲切感人，如《给事中赠尚书工部侍郎孔公墓志铭》。抒情文以祭文为多，词语古朴，情

意真挚，颇有感染力。王安石早年为文主要师法孟子和韩愈，后经欧阳修指点文思开阔，博取众美的长处并融会贯通，形成峭刻幽远、雄健刚直、简丽自然的独特风格。

王安石的诗歌，不仅数量多，有1500余首，而且很有特色，自成一家。退居江宁以前所写的诗歌，多数属于政治诗。他把自己长期观察、分析社会现实的感受和渴望济世匡俗的抱负写进诗里，主要有《感事》《河北民》《收盐》《酬王詹叔奉使江东访茶利害见寄》《兼并》《省兵》等。这些作品，密切联系现实人生，内容比较充实；但议论过多、形象不够丰满。他的抒发爱国感情的诗篇在他的政治诗中占有一定的比重，以咏史和怀古为题材的诗篇中也颇有传诵之作，如《入塞》《送赵学士陕西提刑》《西帅》《阴山

画虎图》《商鞅》《韩信》《范增二首》《贾生》《明妃曲》等都是有感而发，寓意深刻。退居江宁以后的10年中，他一方面继续关心新法，写作歌颂新法成效的诗篇，如《歌元丰五首》《元丰行示德逢》等；另一方面，由于神宗对推行新法愈来愈动摇，自己的处境愈来愈困难，不得不借助佛理来解精神苦闷，寄情山水，陶冶性情，写了大量山水田园诗，如《南浦》《书湖阴先生壁》《江上》《泊船瓜洲》等。在艺术上走着杜甫"老去渐于诗律细"的路子，在对仗、典故、格律上精益求精；又吸收了王维诗歌的取境之长，进一步增强了艺术美，其中不少是古今公认的佳作。另外，王安石集句诗数量较多，有的比较自然。在他的提倡下，这种特殊的诗体在宋代有了发展。总之，王安石的诗歌创作在扫清西昆影

响、开创宋诗局面的过程中，起了很大作用。王安石的词作数量不多，艺术性却比较高。有集本传世，一是《临川先生文集》本，一是《王文公文集》本，两本都掺有他人的著作。此外还有《字说》，系有关文字学方面的著作，仅在他人著作中残存了若干条；《熙宁奏对日录》系王安石任宰执时有关个人政治生活的亲笔记录，主要保存在李焘《续资治通鉴长编》中，亦无传本。王安石曾封于舒、荆，死后又谥为文，故也称为"王荆公和王文公"。

程 颢

中国北宋哲学家，字伯淳，河南洛阳人。学者称他为"明道先生"。曾与其弟程颐学于周敦颐，同为宋明理学的奠基者，世称"二程"。由于二人长期在洛阳讲学，故他们的学说又称为"洛学"。嘉祐年间举进士，曾任鄂县及上元县主簿、晋城令，有政绩，官至太子中允、监察御史里行。嘉定十三年（1220）赐谥纯公。淳祐元年（1241）封河南伯，从祀孔子庙庭。

程颢提出"天者理也"和"只心便是天，尽之便知性"的命题。他说："吾学虽有所受，天理二字却是自家体贴出来。""天理"是他哲学体系的最高范畴。他把"理"作为宇宙的本原，理通过气产生天地万物，人只不过是得天地中正之气，故"人与天地一物也"。人要学道，首先要体认天地万物本来就与我一体这个道理。他认为，知识和真理不在人之外，

而是内在于人的心中，"自家元是天然完全自足之物"，所以认识无须观察外物，人心自有"明觉"，自己可以凭直觉体会真理，"当处便认取，更不可外求"。他提出了"识仁"的思想，"学者须先识仁，仁者浑然与物同体"。人们如果知物我本为一体，物即我，我即物，就自然不存在心为外物所动的问题。诚能如此，其心就澄然无事。无事则定，定则明，至此就"廓然而大公，物来而顺应"，就可以进入圣域。程颢以"定性"为求得理想人格的道德修养方法。他和程颐的学说后来为朱熹所继承和发展，世称"程朱学派"。他的"识仁""定性"的思想对后来的陆王心学影响很大。

程颢的哲学专门著作不多，主要哲学代表作有《识仁篇》《定性书》。后人所编《河南程氏遗书》《明道文集》《二程粹言》等，收入《二程全书》。

程 颐

中国北宋哲学家，理学奠基者之一，字正叔，学者称他为"伊川先生"。河南洛阳人。与兄程颢同学于周敦颐，并称"二程"。官至崇政殿说书，反对王安石变法，讲学达30余年，南宋时追谥"公正"。在哲学上，程颐与程颢以"理"为最高范畴。程颐认为，理"冲漠无朕，万象森然已具"，是创造万事万物的根源。他以形而上下论述理与气的关系，认为理是形而上的，阴阳之气是形而下的。形而上之理为形而下之气存在的根据。作为万物之本原的理是唯一的，"天下之理一也，涂虽殊而其归则一……虽物有万殊，事有万变，统之以一"。万物都统一于理，理是永恒长存的独立的实体。程颐承认物极必反和物皆有对的思想。他说："物极必返，其理须如此"，"天地之间皆有对，有阴则有阳，有善则有恶"。这反映了他的辩证观点。

程颐在论述为学方法时说："涵养须用敬，进学则在致知"，兼重敬与致知，把二者统一起来。程颐根据《大学》提出自己的"格物致知"说。他说："格，至也。物，事也。事皆有理，致其理，乃格物也。"认为格物即是穷理，即穷究事物之理，最终达到所谓豁然贯通，就可以直接体悟天理。他所讲的穷理方法主要是读书、论古今人物、应事接物等。关于知行关系，程颐主张以知为本，先知后行，能知即能行，行是知的结果。

在人性问题上，程颐提出"性即理也"的命题。他认为，性无不善，人所以有善与不善，是由于才的不同。才是由气而来的，气有清浊不同，故才有善与不善之分。他主张"去人欲，存天理"，提出了"饿死事极小，失节事极大"的观点，对后世社会伦理观念影响极大。程颐的哲学对宋明哲学产生了很大影响。程颢是以心解理，开创了以后陆王心学一派。程颐把理与气相对来论述，开创了朱学一派。程颐主要哲学著作有《周易程氏传》《颜子所好何学论》等，另有后人所编《遗书》《文集》《经书》等，收入《二程全书》。

朱 熹

中国南宋哲学家、思想家、教育家，字元晦，号晦庵，徽州婺源（今属江西）人，生于建州尤溪（今属福建）。14岁丧父，随母定居崇安（今武夷山市），依父友刘子羽生活，受业于胡宪、刘勉之、刘子翚。胡、刘好佛，朱熹亦出入佛、道。绍兴十八年（1148）中进士，任泉州同安（今属福建）主簿，聚徒讲学，后罢归，监潭州（今湖南长沙）南岳庙。孝宗即位，朱熹上书反对议和。隆兴元年（1163）被召见，复言主战。朝廷虽屡任以官职，因与执政者政见不合，皆辞不就。淳熙五年（1178）史浩再度为相，荐朱熹知南康军（治所在今江西星子县），屡辞不允，次年赴任。访白鹿洞书院遗址，奏请修复旧观，订立学规，从事讲学。淳熙八年（1181），浙东大饥，朱熹被任命提举浙东常平茶盐公事。次年，因屡次上疏弹劾台州太守唐仲友违法扰民，唐仲友为宰相王淮姻亲，朱熹的奏章被扣压，愤而辞归。淳熙十四年（1187），周成为大相，任朱熹提点江西刑狱。次年，升兵部郎官，以足疾为由请归。淳熙十六年，光宗即位，任为江东转运副使，以病力辞，后改任漳州（今属福建）知州。绍熙二年（1191）辞归建阳，五年（1194）起任湖南安抚使，修复岳麓书院，扩建学堂，广纳四方游学之士。宁宗庆元元年（1195），为焕章阁待制、侍讲，因得罪韩侂胄而罢。次年，监察御史史继祖劾其伪学欺人，革职罢官，归建阳讲学著述而终。嘉定二年（1209）诏赐遗表恩泽，谥曰文，寻赠中大夫、宝谟阁直学士。宝庆三年（1227），特赠太师，追封信国公，改徽国公。

朱熹31岁正式拜程颐三传弟子李侗为师，逐渐发现了佛、道之说的破绽，于是专心儒学。他继承二程，又独立发挥，形成了自己的体系，后人称为"程朱理学"。南宋时以他为代表的学派也被称为"闽学"。一生著述宏富，主要著作有：《四书章句集注》《周易本义》《资治通鉴纲目》《易学启蒙》《诗集传》《楚辞集注》《朱子语类》《朱文公文集》等。

理气论 朱熹继承周敦颐、二程，兼采释、道各家思想，形成了一个庞大的哲学体系。这一哲学体系的核心范畴是"理"，或称"道""太极"。朱熹所说的理，

朱熹讲学处——江西庐山白鹿洞书院

有几方面互相联系的含义：①理是先于自然现象和社会现象的形而上者。当形而下的事物没有产生时，形而上之理就已存在。理又是不生不灭，亘古亘今，颠扑不破的超时空的东西。"万一山河大地都陷了，毕竟理却只在这里。"②理是事物的定理。天下事物都有一个定理，即必然的规律。人们只能顺应事物一定的定理而行，而不能违背理。万物之理是"理一"的表现，本体理印到万物之中，于是，万物各具一理。③理是伦理道德的基本原则。朱熹又把理称之为"当然之则"，亦即"道"。"道者，古今共由之理，如父之慈，子之孝，君仁臣忠，是一个公共的道理"。

理具有寂然不动、"无造作"的特点，它是一个实而不有，虚而不无的东西。但却是气、万物赖以存在的根据或本原。这个悬空而无形无象的理，必须有一个安顿、挂搭、附着的去处，这就是气。理借助于气这个中介而展开动静、变化。理与气合，构成万物，包括人。理存在于无物之前，有物之后，但它既不是具体之物，又不离于物，理与物不即不离。朱熹又称理为太极。太极有极致和顶端的意思，是无以复加的最高范畴，是天地万物之理的总体，即总万理的那个理一，"太极只是一个理字"。太极既包括万物之理，万物便可分别体现整个太极。因此人人有一太极，物物有一太极。每一个人或物都以抽象的理作为它存在的根据，每一个人和物都具有完整的理，这叫作"理一分殊"。

气是朱熹哲学体系中仅次于理的第二位的范畴。气是形而下者，是有情、有状、有迹的；它具有凝聚、造作等特性；是铸成万物的质料。天下万物都是理与气相融合的产物。从这个意义上可以说，理与气的关系是相依不离，无先后之别，却又相分而不杂，有主有次，理制约、决定着气。从宇宙构成论看，理与气相依生物；从本体论意义看，"天下之物，皆实理之所为"。

动静观 朱熹主张理依气而生物，并从气展开了"一分为二"、动静不息的运动。首先是一气分作二气，动的是阳，静的是阴；接着又分作五气（金、木、水、火、土），散为万物。一分为二是从气分化为物过程中的重要的运动形态。这里的一，是指统一物，其中包含着对待的两个方面，譬如阴阳两端，而阴阳可相互渗透，相互转化，阴中有阳，阳中有阴，阳极生阴，阴极生阳，是以神化无穷。这里的二，是指对待的两个方面，有阴便有阳，有阳便有阴，"天地间物，未尝无相对者"。所谓一分为二，就是统一物分为对立的两个方面。朱熹认为动静相互对待、相互对立，并且相互统一。阴静之中，自有阳动之根；阳动之中，又有阴静之根。同时，动极则自然静，静极则自然动，动静各自转化为自己的对待面。

与动静有关，朱熹还论述了运动的相对稳定和显著变动这两种形态，他称之为"变"与"化"。"变是自阴而阳，自静而动；化是自阳而阴，自动而静"。化即渐化，变即顿变。渐化超出了一定的限度，就会引起顿变。顿变是自微而著的显著的变。事物的变化是渐化与顿变的统一，渐化中渗透着顿变，顿变中渗透着渐化。

格物致知论 朱熹用《大学》"致知在格物"的命题，探讨知识领域的理论问题。他强调穷理离

不得格物，即物才能穷理。物之理穷得愈多，我之知也愈广。由格物而致知，有一个从积累有渐到豁然贯通的过程。人们必须经过由表及里的认知过程，才能达到对理的体认。在认知来源问题上，朱熹既讲"生而知之"的先验论，也不否认见闻之知。由此，他探讨了认知的诸形式，如知觉、思虑等。人与事物接触而获得对事物的认知，便是知觉。心，从知识论意义上讲，是思维的器官。心这个思维器官对感觉材料进行加工，即是思。虑则是思的进一步深化。

朱熹还探讨了知行关系。他所说的知，是知理；行，是按知得的理去践行。知与行的关系是：①"知先行后"。学、问、思、辨，知在先，笃行在后，这是"为学之次序"，不可躐等。②"行重知轻"。从知识来源上说，知在先；从社会效果上看，行为重。其理论依据是知易行难，力行是明理之终，行是检验知的真与不真的标准。③"知行互发"。知行既作"两脚说"，又作统一论，即"相须互发"。"知之愈明，则行之愈笃；行之愈笃，则知之益明"。知行相须互发，体现了辩证思维。

心性理欲论 朱熹认为理在人身上体现为人性，在物上体现为物性。人性和物性有同有异。其同是，同得天地的理与气；其异是，人性能得形气之正和全，而物性则不能。在人性论上，朱熹发挥了张载和程颐的天地之性与气质之性的观点，认为这一说法上接孟子，有功于圣门。"天地之性"或"天命之性"，专指理而言，这是至善的、完美无缺的；"气质之性"则以理与气杂而言，有善有不善。两者统一于人身上，缺一则"做人不得"。

与"天命之性"和"气质之性"相联系的，还有"道心""人心"的理论。朱熹认为，"道心"出于天理或性命之正，本来便禀受得仁义礼智之心，发而为恻隐、羞恶、是非、辞让之举；"人心"出于形气之私，指饥食渴饮之类。如是，虽圣人亦不能无人心。不过圣人不以人心为主，而以道心为主。人心有私欲，所以危殆；道心是天理，所以精微。这里，所谓天理，是指心的本然，它表现为仁义礼智四德，体现为父子、兄弟、夫妇等伦常，因此是善的。但天理有时未纯，便要除去人欲，因此朱熹提出了"遏人欲而存天理"的主张。

"天理人欲"之辩在社会历史领域的贯彻，便是"王霸"之辩。朱熹认为，夏、商、周三代帝王的心最正最好，能以道心治天下，天理流行，社会上的一切现象都是光明的，是"王道"盛世；三代以下，帝王"心术"不正，"未免去利欲之私"，社会上的一切现象都是黑暗的，是"霸道"衰世。区别"王道"与"霸道"的标准，是讲仁义还是讲功利。

美学思想 朱熹讲的美，一指审美对象的外在形式，一指表现于外在形式上的精神内容。他认为声音的和谐，容貌的俊丽，具有诉诸视觉和听觉的美，但这种美不能脱离伦理道德的善。美是给人以美感的形式和道德的善的统一。这是对儒家的传统看法和张载"充内形外之谓美"的继承和发挥。

关于乐，朱熹认为，古乐与今乐的区别在于"淡与不淡，和与不和而已"。乐声淡而不伤，则欲心平，不淡则欲心起；和而不淫，则人心不躁，不和则淫。古

乐淡而和，今乐不淡不和。产生这种不淡不和之乐的原因，在于废礼败度及政苛民困，其结果便表现为不淡而妖淫，以至轻生败伦，贼君弃父。朱熹认为，只有"复古礼，然后可以变今乐"。这就是正三纲，叙九畴，万物各得其理，理而后和。这就将乐与礼联系起来了。

文学思想 韩愈、柳宗元等人主张"文以明道"，而程颐则认为"作文害道"。朱熹认为，这两种理论都将文与道割裂开来。将文与道割裂开来的结果，必然是道外有文，文外有道，道自道，而文自文。如此道不足为道，文亦不足为文。有感于此，朱熹强调"文道合一"，认为道与文从根本上讲，是统一的、一贯的、相融无间的。"道者，文之根本；文者，道之枝叶"，"文皆是从道中流出"，两者相依而生，浑然一贯。圣贤以道为心，圣贤之文就是这道心的写真。所以，文之为文，就在于它源于道。文不合道，便无以为文。

与"文道合一"相联系，朱熹亦主张"诗理合一"。作诗必须心虚理明，明理而达到善美的境界，体现这种明理的善美境界的诗，便是好诗，反之，便不成其为诗。所以学作诗的过程，也就是穷理的过程。作诗与穷理，两者紧密相连，同步同构。"诗理合一"，其宗旨是"诗教"。诗是人的思想由于感受外物而激发起灵感，而表达为言辞的。然而人之感物有邪正善恶之分，所以，诗亦有邪正之别。因为诗为心声，所以诗可以作为教化天下的重要手段。

教育思想 朱熹一生从事教育活动约50年，创办过很多学校，恢复白鹿洞书院和岳麓书院，为国家培养了一大批知识分子。朱熹办学的首要目的，是为了整顿伦理道德。先王之学，以"明人伦为本"，兴学办校，亦应以五伦为教。"五教谓父子有亲，君臣有义，夫妇有别，长幼有序，朋友有信。"针对不同人的情况，朱熹提出因人施教。"各因其所长而教之"，是朱熹重要的教育思想。朱熹将学校分为小学和大学两类，"小学者，学其事；大学者，学其小学所学之事所以"。小学的内容是洒扫、应对、进退之节，爱亲敬长、隆师亲友之道；大学的内容是穷理、修身、齐家、治国、平天下之道。关于教学方法，朱熹主张采取商讨式的方法，强调书要自己去读，理要自己去体；有疑问，师生可以共同商量。

影响 朱熹是理学之集大成者，中国古代儒家的主要代表人物之一。他的学术思想，在中国元明清三代，一直是官方意识形态。朱熹哲学思想的理论与社会价值，在历史上有一个被认识的过程。他在世时，屡遭排斥，其学术思想，曾被视为"伪学"。随着时代的变迁，他的思想价值逐渐被认识。宋理宗以其学"有补治道"，按祭祀孟子的礼仪来祭他。元王朝建立了南北统一的国家，理学在北方得以传播。皇庆二年（1313）至延祐二年（1315）复科举，诏定以朱熹《四书章句集注》试士子，朱学定为科场程式。明洪武二年（1369），科举以朱熹等"传注为宗"。朱熹的学术思想在世界文化史上，也有重要影响，朝鲜、日本、越南的朱子学，曾一度在历史上成为主导的意识形态。在东南亚和欧美，朱子学亦很受重视。

陆九渊

中国宋代哲学家，字子静，号存斋，抚州金溪（今属江西）人。因曾在江西贵溪象山讲学，所以学者称他为"象山先生"。曾任靖安、崇安等县主簿，官至奉议郎知荆门军。他的论学书札、讲学语录和诗文，在他死后由其子陆持之编为《象山先生全集》，共 34 卷。陆九渊治学途径，与其兄陆九韶、陆九龄有共同的倾向，人称"三陆"，但以陆九渊影响最大。他的心学唯心主义，在宋明理学中一直与朱熹为代表的理学相抗衡。

心即理 陆九渊以心即理为其思想核心。所谓"心即理"，就是把自然的普遍规律与封建纲常伦理合而为一，认为是人所固有的先验意识。他说："人皆有是心，心皆具是理，心即理也。""理"与"心"既然是完全同一的，那么宇宙万事万物之"理"，就是每个人心中之"理"，所以他说"宇宙便是吾心，吾心即是宇宙"。就人而言，人同此"心"，心同此"理"，人们虽然可能有不同意见，但人的先验的道德意识没有差异。他说："千古圣贤，若同堂合席；必无尽合之理。然此心此理，万世一揆也。"与程朱等人把"理"视为自然与社会最高的终极原则不同，陆九渊认为"理"的普遍必然性必须通过人"心"来证明，人心之理是宇宙之理最完满的体现。"心"是陆九渊哲学思想的基本范畴。他的哲学以"发明本心"为宗旨。

陆九渊从人类认识客观世界

及其规律离不开抽象思维的能动作用这一点出发，把认识视为纯粹主观意识活动的结果，混淆了主观意识（心）和客观规律（理）的本质区别。他说："万物森然于方寸之间，满心而发，充塞宇宙，无非此理。"他颠倒了人的认识过程，把主观（吾心）同客观（宇宙）对立统一的辩证关系，歪曲为完全一致的关系。最终用主观吞并客观，这就是所谓"心即理"的实质。

求放心 陆九渊从"心即理"出发，在认识问题上提出了反省内求的"简易""直捷"的方法。他认为，"理"就在每个人的心中，"明理"用不着探求外物，甚至连读书也是多余的。"此理本天所以与我，非由外铄。明得此理，即是主宰。"人孰无心，道不外索，患在戕贼之耳，放失之耳。古人教人，不过存心、养心、求放心。

此心之良，人所固有。人惟不知保养而反戕贼放失之耳。所以他不赞成朱熹"即物穷理"的方法，认为那样太烦琐，陷于支离。陆九渊认为读书只是印证"此心之良，人所固有"，"六经皆我注脚"。如果忘记了这个根本，读书无益而有害。

陆九渊反对朱熹分道与器为"形而上"和"形而下"，他把"道"不在"器"外说成"道"不在"心"外，得出了"道未有外其心者"的结论。再把"我固有之"心，变换成"我固有之"理。"事外无道"则被颠倒为"道外无事"，因而"明理"也就成了"存心""养心""求其放心"等一系列主观神秘的自我扩充活动了。

陆九渊心学唯心主义，经过其弟子杨简等人的发展，变成了唯我主义。到了明代又由王守仁进一步阐释、发展，成为封建末

期影响甚大的社会思潮。陆王心学强调人的自觉精神，否定古代经典的绝对权威，因而在客观上对冲破理学的思想禁锢，起了某些促进作用，对后世有一定的影响。

伦理思想　陆九渊在伦理思想上也与程朱学派不同，他用主观唯心主义的"心学"论证封建纲常的合理性。在他看来，心即性，即理，"本心"即是仁义礼智之心，是善，是人心之理和宇宙之理。"吾之本心"是道德认识的源泉，而道德修养的目的就是唤醒个人心里原有的先验的封建道德观念，即"先立乎其大者"。他说："收拾精神，自作主宰，万物皆备于我，有何欠阙？当恻隐时，自然恻隐；当羞恶时，自然羞恶；当宽裕温柔时，自然宽裕温柔；当发强刚毅时，自然发强刚毅。"他认为，修养的方法就是

向内用力，切己自反，剥落物欲，改过迁善。这种所谓的"易简功夫"具有宗教道德色彩。陆九渊的伦理思想是封建地主阶级走下坡路时安慰自己、麻痹人民群众的精神武器。

许　衡

中国元代哲学家，字仲平，学者称鲁斋先生，河内（今河南沁阳）人。幼受章句之学。蒙古灭金后，应试中选，占籍为儒。34岁时，始得程颐的《伊川易传》、朱熹的《四书章句集注》，倾心研读，视为"进德之基"，由此崇信程朱理学。1254年后，在忽必烈朝中任京兆提学、太子太

保、国子祭酒，并与刘秉忠、张文谦等定朝仪、立制度。因阿合马擅权，弹劾未成，遂辞职。1271年，忽必烈改国号为元，复任许衡为集贤殿大学士兼国子祭酒，领太史院事，修授时历。在监管太学间，著《中庸直解》《大学直解》等书以为课本，并聘医、算等师，以教授汉蒙弟子，在北方传播理学和医算等六艺。在蒙元刚入主中原时，许衡提倡儒学，行"汉法"，间接地保护了当时较为先进的中原文化，促进了民族融合。死后谥文正，封魏国公。著作除《直解》外，尚有《读易私言》《语录》，清乾隆五十五年与其诗文、杂著等汇刊为《许文正公遗书》，有怀庆堂刻本。

在哲学上，许衡认为世界本原是"独立"的"道"。认为"道"生"太极"，"太极"函"一气"；"气"具阴阳，由此化生天地万物，而其中又以人最为灵贵。他又称太极是理、天理，"有是理而后有是物"，"无理则无形"，认为形而上之理是世界根源。"万物皆本于阴阳，要去一件去不得"。万物皆有刚柔、动静、内外诸矛盾。每一矛盾双方都相济相胜，"天下事，常是两件相胜负，从古至今如此"。但他认为，矛盾发展最终"以静为主"，止于无对、静止的状态。

在心性问题上，许衡认为人禀赋天理即天命之性。人性本善，是"本然之性"。但人秉气有清浊之不同，故又有"气禀之性"。"本然之性"与"气禀之性"的关系是前者为性、理、道，后者是气、器；前者为形而上者，后者为形而下者，所以严格地说只有前者才是性，故许衡认为"性即是理"。在心性的修养问题上，他以"主敬"和"养性"为其要，

认为只要心中常存敬畏，就会达到"心如明镜止水"的精神状态，不受任何物欲的支配，其行为也"无往而非善"。"养性"则包括静时"存养"、动时"省察"两方面。只有这样，才能使"气服于理"，复见天理。他还提出心与天同的天人合一论，强调"反身而诚""尊德性"等自省自思的为学方法和修养功夫，认为这样就可以尽心、知性、知天。

许衡哲学虽本于程朱，但又不重玄奥"隐僻"之理，而强调道德践履。他说，"道"在日用行事中，不是高远难行之事，并提出"盐米细事"也应当讲究，有一定积极意义。

王守仁

中国明代思想家，心学派的集大成者，字伯安，浙江余姚人。曾筑室故乡阳明洞，世称"阳明先生"。

生平活动 王守仁生于余姚，卒于江西南安。18岁时曾拜访程朱派学者娄谅，因受启发，接受了程朱学派格物致知、学以至圣人的思想。21岁中乡试，遍读朱熹著作。28岁中进士，任职于工部，后又担任刑部云南清吏司主事。

正德元年（1506）武宗朱厚照继位，太监刘瑾弄权，王守仁因抗疏救援戴铣等人被刘瑾廷杖，后下狱，不久贬谪为贵州龙场驿丞。正德三年，他的思想发生重要转变，以为圣人之道，吾性自足，于是背弃朱熹关于向外穷理的格物致知说，并在当地建立龙冈书院。贵州提学副使席书聘其主讲于贵阳文明书院，他在此首次演讲知行合一说。刘瑾伏诛后，他历任南京刑部四川清吏司主事、北京吏部验封清吏司主事，文选清吏司员外郎、考功清吏司郎中等职，后升任南京太仆寺少卿，与弟子徐爱等人讲述他的大学格物新说和知行合一说，后经徐爱记录整理，成为《传习录》。正德八年至滁州督马政，讲学规模渐大，一度强调静坐，要求就思虑萌动处省察克治。正德十一年，升任南赣佥都御史，奉命镇压赣南农民暴动。在军事镇压取得成功后，强调思想统治，重视教化，提出"破山中贼易，破心中贼难"的思想，使赣南的统治秩序得到恢复。这期间他在赣县修建濂溪书院，刻印古本《大学》，印发《朱子晚年定论》，其弟子薛侃出版了《传习录》。正德十四年他升任都察院右副都御史，六月，他督兵讨伐宁王宸濠在南昌发动的叛乱。仅用三十五日即生擒宸濠。事遂，奉敕兼巡抚江西。他从自己的经历中，总结了经验，提出"致良知"的学术宗旨，认为这是从百死千难中得来的，若信得这三字，譬之操舟得舵。

明世宗继位后，他被任命为南京兵部尚书参赞，封新建伯。此时王守仁因遭到反对派的攻击、排挤，疏乞归省，从正德十六年到嘉靖六年（1527）过着退隐生活。其间他续刻增订《传习录》，修建稽山书院，其弟子创建阳明书院。他的"拔本塞源论"和一系列重要书信及《传习录》下册，是这一时期的作品。弟子还为他刻印《阳明先生文录》及《居夷

集》等。

嘉靖六年五月朝廷起用王守仁，镇压广西少数民族起义，事遂后，兴办南宁书院，建立思田学校，推行儒学。在他出征广西之前，录下了全面阐述他哲学思想的《大学问》。

嘉靖七年王守仁病重，上疏请求回乡养病，翌年初卒于回归途中。

哲学思想　王守仁早年笃信朱学，后对朱学发生怀疑并走上与朱学分殊的道路。朱熹将《大学》一书分为经传，并补写格物致知传；王守仁则认为原无经传可分，更无经传可补。朱熹重视"格物致知"，把它置于"诚意"之先；王守仁则认为格致本于诚意，以诚意为主。朱熹主张"性即理"和"格物穷理"；王守仁则批评朱熹乃是析心与理为二，他本人则主张"心即理"，心与理

为一，知行合一。朱熹从格物穷理出发，注重外在事物之事，要求对经典的一字一句细心理会；王守仁则认为朱熹的这种方法是务外遗内、博而寡要。他以格物为正心，要求发挥良知的作用，以良知为评判事理的标准和解释经典的依据。他们虽然都反对佛老的虚玄和管商的功利，但王守仁认为朱熹的思想琐屑支离，不足以驳倒佛老管商。

王守仁在接受陆九渊"心即理"观点的基础上，提出"心外无物""心外无理""心外无道"。他将《大学》的"格物致知"，作了心学的解释，将"格物"解释为"正心"，将"致知"解释为"致良知"，即将我的良知推致于万事万物，这和陆九渊"发明本心"的思想是一致的。他反对程朱的知先行后说，提倡"知行合一"说，看作是自己的"立言宗

旨"，认为"知是行的主意，行是知的功夫；知是行之始，行是知之成。只说一个知，已自有行在；只说一个行，已自有知在"，认为"一念发动者，即便是行了"，理论目的在于克服"一念不善"。

王守仁晚年将自己对"良知"的理解总结为四句话："无善无恶是心之体，有善有恶是意之动，知善知恶是良知，为善去恶是格物。"这四句话被称作王门"四句教"，因其内在潜含的矛盾引起王门后学的分化。

王守仁的心学思想是心学发展的顶峰，对于纠正程朱理学烦琐与僵化的流弊起到了重要作用。

李贽

中国明代思想家，号卓吾，又号宏甫，别号温陵居士，泉州晋江人。李贽的祖父和父亲都是回教徒。他本人"自幼倔强难化，不信道，不信仙、释，故见道人则恶，见僧人则恶，见道学先生尤恶"（《王阳明先生年谱后语》）。李贽自称"异端"，甚至被人称为"异端之尤"。因其思想与正统相异，屡遭迫害，被统治者以"敢倡乱道，惑世诬民"的罪名逮捕，自杀狱中。李贽著述很多，著名的有《焚书》《续焚书》《藏书》《续藏书》《初潭集》等。

宇宙论　李贽反对以"太极""一""理"等为本原的宇宙

论，也反对"一分为二"的宇宙生成论。他认为，天地如同夫妇，有天地然后才能生万物。"然而天下万物皆生于两、不生于一，明矣。"如果说一能生二、理能生气、太极能生两仪，那么所谓一者究是何物？一又是如何产生出来的？"夫厥初生人，惟是阴阳二气、男女二命"（《焚书·夫妇论》）。

童心说 李贽认为，童心即是真心，是绝假纯真、最初一念

之本心，是人人具有的"趋利避害"的"同心"，是"虽圣人不能无"的"势利之心"。他说："夫私者，人之心也。人必有私而后其心乃见，若无私，则无心矣。"据此，李贽提出"穿衣吃饭，即是人伦物理。除却穿衣吃饭，无伦物矣！世间种种皆衣与饭类耳"（《焚书·答邓石阳》）。

不以孔子之是非为是非 李贽主张，人之是非，初无定质、无定论，反对将孔子的思想言论绝对化。他批评道学家以孔子之是非为是非，将六经语孟变成欺世盗名的工具。他打破儒学家正统教条，以自己的观点来重新评价历史人物。如称赞秦始皇为

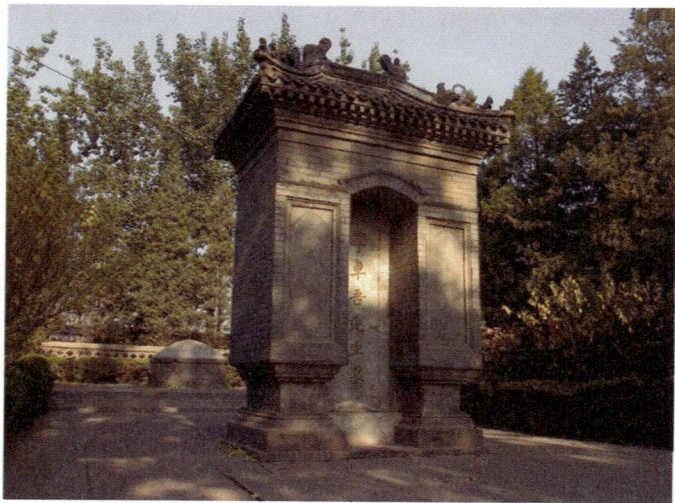
位于北京通州区的李贽墓

"千古一帝"，武则天"有知人之明"，陈胜吴广起义是"匹夫首倡，前所未有"等。

李贽亦喜文学，反对复古摹拟，提出"诗何必古《选》，文何必先秦"，主张创作应抒发己见，"天下至文，未有不出童心焉者也"。他还点评过《水浒传》《三国志通俗演义》《琵琶记》等，是通俗文学研究家和批评家。他的文学思想对晚明文学有一定的影响。

黄宗羲

中国明清之际思想家、哲学家，字太冲，号南雷，学者称他为"梨洲先生"，浙江余姚黄竹浦人。父黄尊素为东林党人，在与魏忠贤阉党的斗争中死于诏狱。他19岁入京为父讼冤，以铁锥击伤仇人。后阉党余孽图谋再起，宗羲与复社领袖顾杲为首签署《南都防乱揭》，揭露阮大铖等人的罪行。清兵入关后，阮大铖等在南京拥福王监国，对复社进行镇压，宗羲被捕。清兵攻陷南京，宗羲逃回家乡，成立"黄氏世忠营"，武装抗清。失败后，隐居著述，辗转讲学，屡拒清廷征召。

黄宗羲博览经史，对天文、算学、地理、音律、诸子百家及释道之书均有研究，尤长于史学，开创可以上溯到吕祖谦的浙东史学派，开清代史学研究新风。他强调经世致用，多读书以明事理之变化，主张以经术治世，籍史应务。

黄宗羲师事刘宗周，哲学上沿着批判程朱学派、修正阳明学

派的路子，创立了"理气心性"相统一的世界观和以"一本万殊"为指导、以"会众合一"为方法的哲学史观。他反对"理先气后"说，认为宇宙间只有"一气充周"，"理为气之理"，理只是气的充周流转之"序"；他也不赞同陆王学派的"心即理"观点，指出"心即气也"，心也是"一气充周"，不过是"气"的精灵处，具有主动性的特点；主张"在天为气者，在人为心，在天为理者，在人为性"。他又说："我与天地万物一气流通，无有隔碍，故人心之理即天地万物之理"，从这一意义上讲，"盈天地皆心"，故"穷理者，穷此心之万殊，非穷万物之万殊也"。表明其固守心性之学的局限性。他反对悬空想象良知本体，"圣人教人，只是一个行"；重视修养，"心无本体，工夫所至，即其本体"。在历史观上，强调道德意识尤其是统治者思想动机的作用，又主张"从民生起见"。在哲学史研究上，他提倡学贵创新，保存一偏之见甚至相反之论，网罗了广泛史料而又纂要钩玄，通过辨别异同，揭示各家宗旨，达到分源别派、清理学脉的目的，具有一定的方法论意义。

黄宗羲从多方面总结了明亡的历史教训，提出一系列有关学术、政治、经济、法律、军事等方面的改革主张。他揭露君主专制，主张"天下为主，君为客"，批评君臣之间的奴仆关系，认为君臣应"为万民"，而不在"为一姓"；主张恢复"天下之法"，废除"一家之法"。他提出了近似议会的以学校为议政机构的设想，一切大政方针应由学校来决定，"公其是非于学校"，而不是"天子"一个人说了算。他还明确提出"工商皆本"的主张。这些启蒙思想在中国近代初期民主运动中起到了积极作用。

黄宗羲一生著作70余种，1000余卷，重要的有《明夷待访录》《孟子师说》《易学象数论》《明儒学案》《宋元学案》《南雷文定》《南雷文案》《南雷文约》等。

顾炎武

中国明清之际的经学家、思想家，字宁人，学者称"亭林先生"，吴郡昆山（今江苏昆山市）人。生于明万历四十一年，卒于清康熙二十一年。12岁入乡学，19岁加入"复社"。遂放弃科举而专务经世致用之学。清兵入关后他曾参加苏州、昆山两次武装抗清斗争。抗清失败，怀着国破家亡之痛，奔走于大江南北，长期旅居齐、燕，游历西北。在长期游居生活中，结识了许多有识之士，考察了祖国的许多名山大川，晚年定居于陕西华阴，终老于山西曲沃。

顾炎武著述很多，主要有《日知录》《日知录之余》《左传杜解补正》《九经误字》《石经考》《求古录》《天下郡国利病书》《五经同异》以及《亭林文集》《亭林诗集》《亭林余集》《明季实录》等。《日知录》是他的代表作。

顾炎武的学术思想虽本于宋儒，但对程朱理学和陆王心学却攻击甚烈。他说："古今安得别有所谓理学者？经学即理学也。自有舍经学以言理学者，而后邪说以起。""今之所谓理学，禅学也。"他以明心见性等学说为空言、清谈，指责说："刘、石乱华本于

清谈之流祸，人人皆知，孰知今日之清谈有甚于前代者。昔之清谈谈老庄，今之清谈谈孔孟，未得其精而遗其粗，未究其本而先辞其末，不学六经之文，不考百王之典，不综当代之务……以明心见性之空言，代修己治人之实学。"其结果是"股肱惰而万事荒，爪牙亡而四国乱，神州荡震，而宗社丘墟"。顾炎武强调"博学于文"，"行己有耻"。这里的"文"指自身以至于天下国家大事，"耻"指操守气节。他说："士而不先言

耻，则为无本之人；非好古而多闻，则为空虚之学。"

顾炎武的哲学思想倾向于唯物主义，他的宇宙观受张载"太虚即气"的影响，认为"盈天地之间者皆气也"，基本属于气一元论的范畴。他说："精气为物，自无而之有也，游魂为变，自有而之无也。"认为宇宙间有形与无形之间的变化都只是气的聚散而已。

在道器问题上，他从"形而上者之谓道，形而下者之谓器"

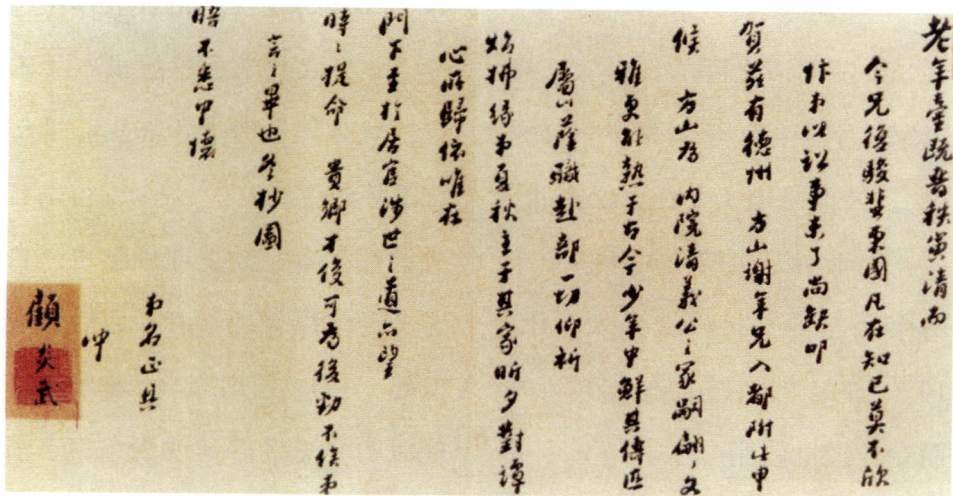

顾炎武手迹

的思想出发，提出了"非器则道无所寓"的哲学命题，并且把这个命题引入认识论，否认有生而知之的圣人。

在认识论中他提倡"下学而上达"，他所说的"下学"指考察实际的有形有象的具体事物，也就是所说的"格物"，他所说的"上达"指贯通具体事物中的道理和原则，也就是他所说的"致知"。顾炎武在这里接触到了认识论中感性知识与理性知识的关系问题。

在人性论上，他没有简单地说性是善或是恶，他认为善是就大同而论，也有天生不善的人；有自善而变为不善的人，也有自不善而变为善的人。他还认为人性可变是由于人情可变，但他没有论及人情变化的原因。

由于阶级偏见的影响，他的政治主张没有摆脱"法古用复""则古称先"的老套，但他的"寓封建之意于郡县之中"的思想却包含着有利于市民经济利益、符合历史潮流的进步因素。他的均田减租、开矿兴利的主张都有利于新兴市民阶层的利益。

顾炎武是一位学识渊博的思想家，他的学术思想开清代朴学之风。他的经学之才由于受历史条件的限制难以实现。他的考据、音韵之学则影响着乾嘉以来的考据家和史学家。

王夫之

中国明末清初思想家，湖南衡阳人，字而农，号姜斋，中年别号卖姜翁、壶子、一壶道人等。

晚年隐居湘西蒸左石船山，自署船山老农，船山遗老、船山病叟等，学者称"船山先生"。

生平与著述 出身于没落地主知识分子家庭。自幼遍读群经，14岁入县学。青年时代，一方面留恋科举仕途，另一方面立志匡时救国，组织"行社""匡社"。崇祯十五年（1642），在武昌考中举人。翌年张献忠农民军入衡阳，邀王夫之加盟，他佯装伤病相拒。清军入关后，上书明朝湖北巡抚，力主联合农民军共同抵抗清军。顺治四年（1647），清军攻陷衡阳，王夫之的父亲、叔父、二兄在战乱中蒙难。次年，他与好友管嗣裘等在衡山举兵抗清，后失败投奔南明。此期间他结识了方以智等。嗣后被任命为行人司行人，为弹劾权奸事，险遭残害，经农民军领袖高一功营救脱险，逃归湖南，入隐耶姜山。顺治九年，李定国率大西农民军收复衡阳，又派人招请王夫之，他托词未就。从此隐居湘南一带，经历了3年流亡生活。他更名改姓，假扮瑶人，隐居荒山破庙中。其后移居常宁西庄源，以教书为生，其间撰成《周易外传》《老子衍》两部著作。51岁时自题堂联"六经责我开生面，七尺从天乞活埋"。71岁时自题墓志铭："抱刘越石之孤忠"，"希张横渠之正学"。

王夫之博通经学、小学、子学、史学、文学、政法、伦理等诸学，兼通天文、历数、医理、兵法及至卜筮、星象之学，且留心当时已传入的西学。其著述传世的有73种，401卷，散佚的约20种。主要哲学著作有《周易外传》《周易内传》《尚书引义》《张子正蒙注》《读四书大全说》《诗广传》《思问录》《老子衍》《庄子通》《相宗络索》《黄书》《噩梦》《续春秋左氏传博议》《春秋世论》《读通鉴论》《宋论》等。

王夫之的著作生前皆未刊行，辞世后，其子王敔选刻的 10 余种也流布甚少。鸦片战争后，王夫之的著作受到重视，被汇编成《船山遗书》多次出梓，流传海内外。中华人民共和国建立后，他的著作出版、佚文的收集刊印得到重视。

"太虚一实"的本体论　王夫之继承张载的"气"论，认为宇宙除"气"以外，更无他物。"太虚，一实者也"，即"气"是一种实体，"气"之"实"又是"实有"的，"从其用而知其体之有"。在理气关系上，他认为"理依于气"，"气"是"实有"的体，"理"是"气"的规定、规律。他强调

衡阳王夫之故居

讲心、性、天、理等问题必须从"实有"之"气"出发，否则就是空无一物的妄论。在道器关系上，王夫之认为"无其器则无其道"，道在器中，实存的只是器，"天下惟器而已矣"。"道者器之道"，道不是单独的实存，而是通过实有之器体现的，"据器而道存，离器而道毁"。

"太虚本动，天地日新"的动静观　王夫之提出"物动而已"，宇宙万物是动以入动，没有停止、间断，在这种不间断的动中，世界生生不息。与传统儒家、道家重"静"说不同，他强调"动"是"恒"，"静由动得"，"静"是相对于"动"而言的，一切无不在动。他发展了张载的气化论思想，强调"天地之化日新"，事物是"推故而别致其新"而"实有"的。事物是生生日新的存在。他进一步认为"物动"而"日新"的内在机理在于二气"必相反而相为仇"，同时"相反而固会其通"。王夫之认为阴阳二气之相反又相通，是一致的。他认为合分

衡阳王夫之墓

相即。一方面,在其分处即有合;另一方面,在其合处已有分。他还认为阴阳是相分的,但又是恒通的,分中有合。二者不是对立相迫的,而是即分即合的,此即是"恒常"。

"因所以发能、能必副其所"的知识论 王夫之改造了佛教哲学的"能""所"概念。"所"指知识活动的对象,是实有其体的,"能"则是知识活动主体功能,是实有其用的,二者的关系是"因所以发能","能必副其所"。客观世界是知识活动对象,知识活动对象是知识活动的前提。在知行关系问题上,王夫之认为"行可兼知,而知不可兼行"。行中有知而知可以相对独立,不与行相比肩。他从现实经验层面上强调"行"的重要性。同时他又认为"知行相资以为用",在知行的逻辑关系上,强调知行是互为条件

的,知中有行,行中有知。他还指出:"知之尽,则实践之。"认为人的知识活动就其本质而言是能"竭天"即穷尽对事物的认识的。人的知识活动是主体的能动,在"实践"中"知行相资",由"知行相资"可以达至"知之尽",知之尽还要实践之。

"理势合一"的历史观 王夫之认为历史的发展"只在势之必然处见理",是有自己的法则和必然性、规律性的。"势"是一定如此,不可逆转的趋势,"理"是规律性。他认为"理"与"势"是不可分的,二者相辅相成,是"理成势""势成理"的关系。他认为社会历史是十分复杂的,但是"推其所以然之由,辨别不尽然之实",就能够把握历史发展的"理""势"。在历史发展的"理势合一"理解中,王夫之尤其强调在"民心之大同"处

见"理""势"。他继承发展先秦儒家的民本思想，认为民之"视听""聪明""好恶""德怨""莫不有理"，民心民意即是历史的"理""势"所在。在这个意义上他说"即民以见天"，"举天而属之民"。即民即天，民是历史"理""势"的载体。他继而提出"重民""畏民"的主张。

"有欲斯有理"的伦理思想　王夫之认为"性者生理也"，人的生命生活本身就是性之所在，包括人的生理、心理欲望等，人之性是不能抛开"饮食起居、见闻言动"来谈的。他认为人之"所欲斯有理"，物质生活、饮食、男女之属是"人之所大共"。他认为人的道德义理与物质欲望不可以分为两截，必须"珍生""贵义"相一致，义与生的任何断裂，都不是真实的"性"。王夫之还认为人之性是"日生日成"的，是生动、具体的，不可僵死地对待，远古之时的人之性与当今之时的人之性有不同的历史内容。王夫之的理欲一致的思想，具有启蒙思想的特点。

"内极才情，外周物理"的美学思想　王夫之认为美"虽有在心、在物之分"，是才情与物理的统一，诗艺之人要发明才情以内极之，又要用于外物之理，使二者熔于一炉，浑然一体，从而"体物而得神"。王夫之的才情与物景相交融的美学思想，影响了晚清王国维。关于艺术创造问题，他主张"即目""直寻"，强调即物以直截感悟，反对"以名言之理相求"。

王夫之的思想是他所处的"天崩地坼"时代的思想集大成，具有丰富的内容、邃远的深度和鲜亮的时代气息。他的学说对后世产生了很大的影响。谭嗣同诗赞曰："万物招苏天地曙，要凭南岳一声雷。"他称王夫之是五百年来真正通天地人之故的第一人。章太炎则颂曰："当清之季，卓然能兴起顽儒，以成光复之绩者，独赖而农一家而已。"

魏　源

中国近代思想家，原名远达，字默深，湖南邵阳人。早年潜心王阳明的心学，后从清代经学家刘逢禄（1776—1829）学《公羊春秋》，注重经世致用之学，与龚自珍齐名。曾代江苏布政使贺长龄编辑《皇朝经世文编》。清道光二十四年（1844）进士，曾任江苏东台、兴化等县知县、高邮知州等。积极参加过反抗英国侵略军的斗争，提出"师夷长技以制夷"口号。后又参与攻打太平天国农民起义军。晚年，先居兴化整理著述，继居杭州"寄僧舍"，潜心佛学。

魏源著述较多，有《古微堂集》《古微堂诗集》《元史新编》《老子本义》《孙子集注》《书古微》《诗古微》《圣武记》《海国图志》等。《古微堂集》中的《默觚》是他的哲学代表作。

魏源在认识论上注重习行，反对脱离实际，具有明显的唯物主义倾向。他说："及之而后知，履之而后艰，焉有不行而能知者乎？……披五岳之图，以为知山，不如樵夫之一足；谈沧溟之广，以为知海，不如估客之一瞥；疏八珍之谱，以为知味，不如庖丁之一啜。"又说："善琴弈者不视谱，善相马者不按图；善治民者

不泥法，无他，亲历诸身而已。"他正确地强调了习行，但未能解决感性经验和理性认识的关系问题。他说："人之心即天地之心，诚使物交物引之际，回光反顾，而天命有不赫然方寸者乎？"只要"回光返照，则为独知独觉；彻悟心源，万物备我，则为大知大觉"。在这里他又陷入了唯心主义。

魏源有较丰富的朴素辩证法思想，他认为任何事物都包含着矛盾，"天下物无独必有对"，"有对之中必一主一辅，则对而不失为独"，且矛盾的两个方面可以互相转化，"暑极不生暑而生寒，寒极不生寒而生暑。屈之甚者信必烈，伏之久者飞必决"。而矛盾的相克相生，促成事物的变化和发展，"故气化无一息不变"。他的社会历史观具有较明显的变易进化观点，他说："租、庸、调变而两税，两税变而条编。变古愈尽，便民愈甚，虽圣王复作，必不舍条编而复两税，舍两税而复租庸调也。"但他这种变易进化观有很大局限性。他认为封建社会的"道"，封建专制制度及三纲五常是根本不变的，说"其不变者道而已"。

魏源还主张鬼神之说，认为"鬼神之说，其有益于人心，阴辅王教者甚大，王法显诛所不及者，唯阴教足以慑之"。并明确反对无鬼论，说："无鬼非圣人宗庙祭祀之教，徒使小人为恶无忌惮。"但他是一位改革派，注重人为，强调"造化自我"，说："人定胜天，既可转贵富寿为贫贱夭，则贫贱夭亦可转为贵富寿。"这一思想又违反有神论。

魏源哲学的矛盾，反映了地主阶级改革派的思想矛盾。

曾国藩

中国清末政治思想家，字伯涵，号涤生，湖南湘乡人。道光十八年（1838）进士。后在京10余年过翰苑生活，曾"师事"唐鉴，"师友"倭仁等，致力于程朱理学，兼治诗古文词。先后任礼部、兵部侍郎，官至总督、大学士，封一等毅勇侯。咸丰、同治年间，他奉清廷之命组织地主武装"团练"（史家称"湘军"），镇压太平天国革命。死后清廷追赠他为"太傅"，谥"文正"。

曾国藩坚决维护封建纲常名教，鼓吹"礼治"，认为"舍礼无所谓政事"，也"无所谓道德"。对外主张"坚守"与外国侵略者签订的不平等条约，以求"中外相安"。在学术上，曾国藩尊孔孟而不摒弃诸子；"一宗宋儒，不废汉学"，"兼取二者之长"。

曾国藩的哲学思想是唯心主义的，没有形成自己的体系。他着重继承和发挥程朱理学"理一分殊""格物穷理"等思想，强调"亲有杀，贤有等"，认为"格物之事"，就是"剖判其不齐之分焉尔"。他宣扬"以诚为本"的思想，认为"诚"是宇宙万物及其变化的根源，说："窃以为天地万物之所以不息，国之所以立，贤人德业之所以可大可久，皆诚为之也。"曾国藩是有神论者。他承认"帝天神鬼"的存在，宣扬天命论思想，说"人受命于天"，其功名、富贵、顺逆、成败等"都由天定"。

曾国藩的思想，在清末至辛亥革命以后都有一定的影响。近

代有些人甚至把曾国藩当作精神偶像来崇拜。曾国藩的奏稿、书信、日记、诗、文等汇编成《曾文正公全集》，其中的《家书》《日记》，有单行本流行于民间。

王 韬

中国近代早期资产阶级改良派思想家，初名利宾，又名瀚，字懒今，1862年后改名韬，字仲弢，又字子潜、紫诠。江苏长洲（今苏州）人。早年接受儒家教育，18岁中秀才，后屡试不中。22岁起在上海墨海印书局任编辑，和外国传教士麦都思、艾约瑟等人共事13年。在太平天国起义和第二次鸦片战争后，屡向清廷献"御戎""平贼"等策，均未被采纳。1862年化名黄畹上书太平天国将领刘肇钧。事发，逃亡香港。后赴英国帮助理雅各翻译中国古代经籍。1874—1884年间在香港主办《循环日报》，发表大量政论文章，宣传变法自强、君民共治等改良思想。1884年回上海，曾任格致书院院长。他的主要著作有《弢园文录外编》《弢园尺牍》等。

王韬的思想，强调"变"的观念，主张治理国家要"由渐而变"，反对"泥古以为治"。但他又认为，孔孟之道是"阅万世而不变"的。他懂得一些近代自然科学知识，对封建宗教迷信思想曾作过若干批判，认为宇宙间不存在什么鬼神，"圣人以神道设教，不过为下愚人说法"；佛教的轮回之说亦属荒谬。可是他相信天命，认为"穷达有命"，人生功名之迟速，境遇之通塞，声誉之显晦，"皆天为之主"，表现出自相矛盾的思想。

郑观应

中国近代早期资产阶级改良派思想家，本名官应，字正翔，号陶斋，别号杞忧生、偫鹤山人，广东香山人。生于清道光二十二年，17岁参加科举考试落第，遵父命到上海学商。曾在上海英文夜校跟傅兰雅学习英文，潜心泰西政治、实业之学。先后在宝顺洋行、太古轮船公司当过买办，又投资近代工、矿、运输业，并担任过轮船招商局总办等职务。清光绪五年（1879）捐款赈灾，

得道员衔。中法战争期间，积极参加了抗法斗争。后来曾参与立宪运动。晚年顽固地反对民主共和制，思想沉湎于宗教信仰中。著作很多，主要代表作是《盛世危言》。

郑观应的基本思想在于谋求国家的独立富强，为此他积极主张向西方学习，办实业，兴商

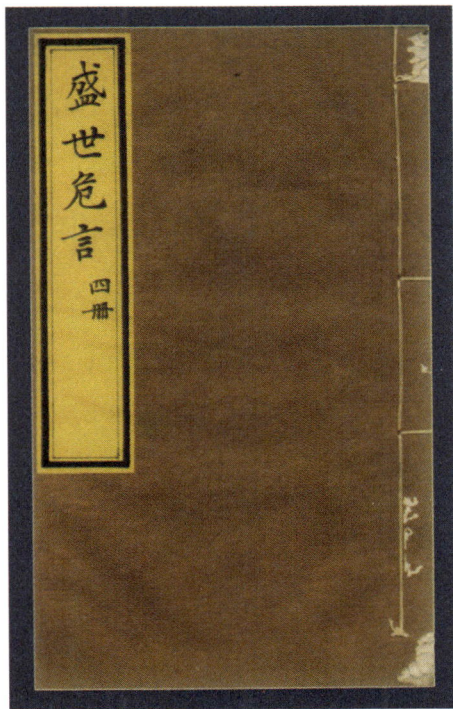

郑观应著《盛世危言》

务，发展民族资本主义；设立议院，实行君民共主；创办学校，培养人才。其基本理论依据是"道器论"。

郑观应的"道器论"有两个要点：①主张道器结合。他沿用传统的唯心主义观点，说器由道生，道为实，器为虚。但又认为，在现实世界中，道与器是结合一起的，"虚中有实，实中有虚"。西人虽不知大道之本，然而他们的形器之学却是不可缺少的。②讲"器可变，道不可变"。他以为，包括国家政治经济制度在内的世界一切具体事物，都是器，是可变的；反映封建纲常名教观念的道，是不可变的。他的思想矛盾反映了早期改良派积极进取和严重软弱、妥协的二重性。

郑观应是在中国近代史上第一个提出设立议院主张的人。他的资产阶级改良思想在知识分子中曾产生过广泛的影响。

严复

中国启蒙思想家、翻译家，向西方寻求真理的代表人物之一，初名传初，又名宗光，字几道，又字又陵。福建侯官（今福州）人，卒于福州。清同治五年（1866）入福建马尾船厂附近的船政学堂（原名求是堂艺局）。清光绪三年（1877）作为清政府第一批留欧学生，被派往英国学习海军。光绪五年学成归国，曾任北洋水师学堂总教习、会办、总办等职。

中日甲午战争以后，他感于时事，在天津《直报》上连续发表了《论世变之亟》《原强》《辟韩》《救亡决论》等政论文章，呼吁变法。1897 年与王修植、夏曾佑等在天津创办《国闻报》。戊戌变法失败后，曾任京师大学堂编译局总办、复旦公学校长、安庆高等学堂监督、京师大学堂总监等职。

严复先后翻译了赫胥黎的《天演论》、亚当·斯密的《原富》（即《国民财富的性质和原因的研究》）、孟德斯鸠的《法意》、J.S. 密尔（旧译穆勒）的《群己权界论》和《穆勒名学》、斯宾塞的《群学肄言》、甄克思的《社会通诠》等著作，全面介绍了西方自然科学和社会政治学知识，特别是达尔文的进化论学说。严复的著作后人编为《侯官严氏丛刻》《严侯官先生全集》《严几道诗文钞》等。

严复通过翻译赫胥黎的《天演论》阐发了自己的进化论思想。他有所舍取地介绍了达尔文、赫胥黎、斯宾塞等人的进化学说，使之与中国传统的"变易"思想

《天演论》（光绪二十四年石印本）

结合起来，形成了他的"天演哲学"。严复的进化论，已经超越了达尔文的生物进化论的范畴，具有世界观的意义。他认为进化是普遍的，无论是自然界还是人类社会的进化，都遵循"物竞天择，适者生存"的原则。同时也注重人为的作用，反对斯宾塞"任天为治"的消极思想。严复的进化论思想对于鼓舞中国人民参加争取民族解放的斗争具有积极的意义。

严复在宣传进化论的同时，也受到斯宾塞机械论的影响，用牛顿机械力学的原理解释自然界进化的原因，认为宇宙万物的进化根源于"质力相推"的法则。其进化思想只讲和平渐变，反对革命突变，而且把自然科学的进化规律直接应用于社会历史领域，是不科学的。在认识论上，严复赞成洛克的"白板说"，反对孟子

及陆王心学的"良知""良能"，过分强调感觉经验，含有不可知论的成分。他还通过翻译《穆勒名学》和《名学浅说》，将逻辑归纳法与演绎法介绍到中国。严复是中国历史上第一个比较系统地介绍西方哲学、经济学、社会政治学思想的翻译家，他提出"信、达、雅"的翻译原则为后人公认。近现代许多著名革命家都曾因读他的著作而受到启发。他把中国哲学建立在近代科学的基础上，从此，中国近代哲学才真正摆脱了古代经学的形式。

康有为

中国近代资产阶级政治家、

思想家，原名祖诒，字广夏，号长素，又号更生。清咸丰八年二月初五（1858.3.19）生于广东南海县（今广东佛山市），1927年3月31日卒于青岛。

生平和著作 康有为生于封建官僚地主家庭，接受封建教育。后深受朱次琦"济人经世"思想的影响，大量阅读儒佛经典、诸子著作和西方译著，潜心于"经纬世宙"的学问。对康有为思想影响较大的，既有中国《易传》的变易观、今文经学的三世说、《礼记》的"小康""大同"思想、陆王心学和佛学、明清之际经世致用思想等，又有从西方传入的自然科学知识和有关西方资本主义国家的社会历史知识。他融合所学中、西学问，于光绪十年（1884）开始构造自己的"以元为体"的哲学，并撰写了《人类公理》（后改题《大同书》）和《内外篇》。

康有为于光绪十四年第一次向光绪皇帝上书，提出变法维新的主张。从光绪十五年起，先后在广州长兴里、卫边街邝氏祠等处讲学，宣传他的变法理论，光绪十七年和光绪二十四年先后出版《新学伪经考》和《孔子改制考》，宣传托古改制思想。《新学伪经考》把封建统治者所崇奉的"古文"经典一概宣布为"伪经"，说"统二十朝王者礼乐制度之崇严，咸奉伪经为圣法"。《孔子改制考》把孔子说成托古改制的先哲，为资产阶级变法维新造舆论。光绪二十年发生中日甲午战争。第二年中国惨败，清政府与日本签订丧权辱国的马关条约，全国震动。康有为在北京发动"公车上书"，提出"拒和、迁都、变法"3项主张。这年康有为中了进士，授予工部主事。从

"公车上书"起至光绪二十四年戊戌政变期间，他领导了爱国维新运动。这期间，他先后给光绪皇帝上书6次，目的是想依靠光绪皇帝的权力，通过自上而下的改革，把陷入半殖民地半封建的中国，变为独立富强的资本主义国家。戊戌变法失败后，他流亡海外，到过日本、加拿大、欧洲、印度等地。他顽固地坚持改良路线，拒绝与资产阶级民主革命派孙中山等人合作。光绪二十五年六月十三日在加拿大组织保皇会，反对孙中山领导的资产阶级民主革命。辛亥革命后，他鼓吹虚君共和，反对资产阶级民主共和制。1913年回国后，极力提倡尊孔读经，为复辟帝制造舆论，尊孔派组织孔教会，推他为孔教会总会长，1917年参与张勋复辟。

康有为著作很多，《新学伪经考》《孔子改制考》《大同书》是他的代表作。

哲学思想　康有为资产阶级改良路线的哲学理论基础主要表现在如下几个方面：

"以元为体"　康有为说他的哲学"以元为体"。"元"，有时被解释的物质性的气，说"凡物皆始于气，既有气然后有理"，并根据这一唯物主义观点批判了朱熹的理先气后说。有时又认为元是精神性的，说"元"即"元气"，也即是"知气"；还说："统乎天"的元，与婆罗门的"大梵天王"、耶稣教的"耶和华"相像，与佛教华严宗的"性海"相同。他认为宇宙间的一切，都由这一精神性的"元"分转变化而成。这"元"赋予于人，便是不忍人之心，即"仁"；人们凭着这一仁爱精神，可以创造万物。他说仁"为万化之海，为一切根，为一切源"。在康有为的哲学思想中，精

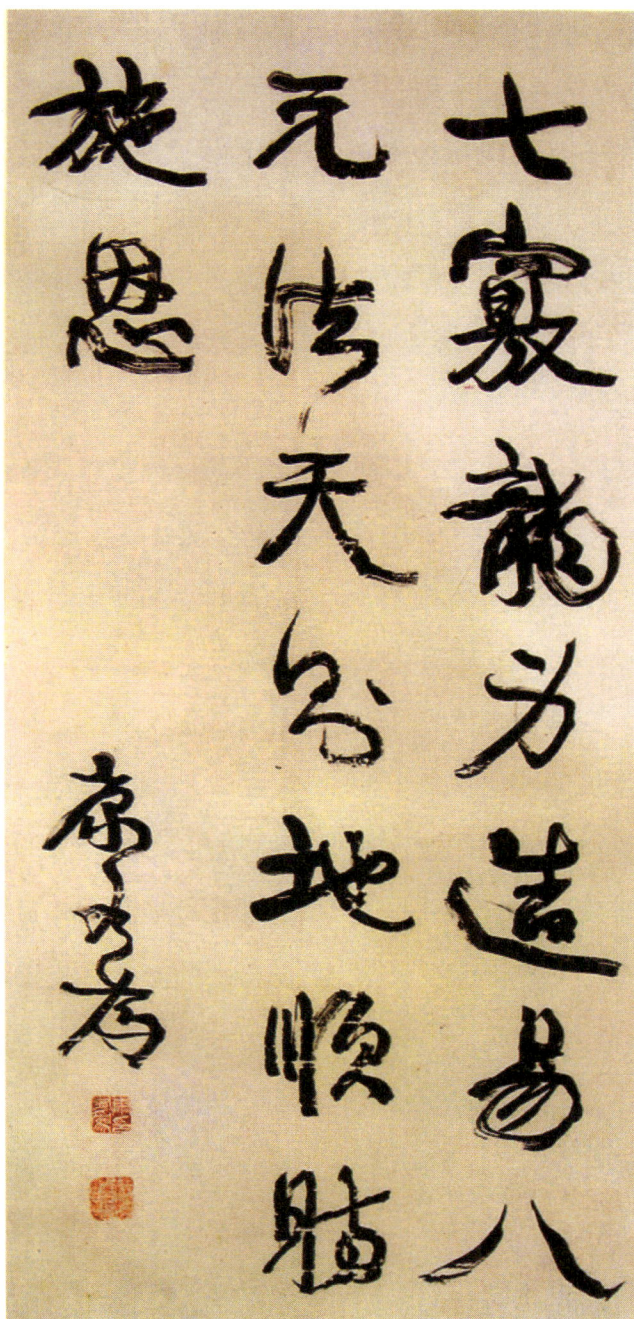

康有为墨迹

神性的元是主导。他企图以发挥这种精神力量来实现自己变法维新的目的。为了调和其理论中的矛盾，他提出一种带有泛神论色彩的思想，说物质世界起源于元——神；物质世界出现后，元——神就在宇宙万物之中。用佛教的语言来说，就是："众生同原于性海，舍众生亦无性海；世界原具含于法界，舍世界亦无法界"。

变易和进化思想　康有为注重变易，认为变易是自然界和人类社会变化发展的普遍现象。他根据近代自然科学知识，把这种变易观进一步发展为日新——进化观念。他说："宇宙间的天体（包括太阳系的各个星球），都是经过漫长岁月，从'天空之气热，鼓荡往来，摩擦不息，互相吸引，互相离拒'逐渐演化而成的"。他又以地里发掘的古生物化石，从下至上，分为"介层、虫层、大草大木层、大鸟大兽层，而后至于人层"，证明地球上的生物也是进化的。

"三世"说的社会历史观　康有为的变易和进化思想集中反映在社会历史观方面。他采用了《公羊》"三世"的形式，注入近代的进化论思想，提出一种三世说历史进化论。他说："天道，后起者胜于先起也；人道，后人逸于前人也。"人类社会历史是不断向前进化发展的，从蒙昧进化到文明，由君主专制的"据乱世"进到君主立宪的"升平世"，而后再进化发展到民主的"太平世"，是历史的必然。根据这种进化历史观，他认为当时中国的封建君主专制制度已不合时宜，应当被资产阶级君主立宪制所代替。并且指出："世运既变，治道斯移"。这种观点动摇了封建统治者的"天不变，道亦不变"论。康有为的三世说历史进化论同样包含着矛盾，一方面，具有不少辩证法思想成分，认为社会普遍存在新与旧的矛盾，并在一定限度内承认这种矛盾的对立斗争促进社会进化，肯定社会在不断地运动、变化、发展，由一种性质进化到另一种性质。另一方面，又含有严重的形而上学思想，反对矛盾对立的激烈斗争，片面强调矛盾的调和，说"中和"是"大道之本"，认为历史的进化，从根本上说是靠人们扩充仁爱精神、泯灭社会矛盾来实现的；只讲循序渐进，反对革命的突变。

空想的"大同"社会学说　康有为根据"三世"说历史进化论，把《礼记·礼运》中的"小康""大同"，佛家的慈悲，西方资产阶级的民主、自由、平等、博爱思想糅合一起，创立了空想的"大同"社会学说。

康有为认为，人类社会的进化发展，将必然到达理想的"大同"世界。到了"大同"社会，国家、家族、阶级（等级）、君主、贵族都不存在了；"大同"社会财产公有，人人劳动，生产高度发展，人们过着十分美好的生活。康有为认为，"大同"社会从根本上说，彻底实现了资产阶级的天赋人权、民主、自由、平等、博爱诸原则。"大同"社会实质上是高度理想化了的资本主义社会。康有为虽然提出了"大同"社会的理想，但他并没有也不可能找到一条到达"大同"的道路。

伦理思想　康有为的伦理思想是其改良主义思想体系的组成部分，它是中国传统的儒家伦理思想与西方资产阶级的社会政治学说混杂在一起的产物。

康有为认为"免苦求乐"是人的共同本性，是支配人的行为、

推动社会进化的动力，道德准则不过是"皆以为人谋免苦求乐之具而已矣"。在他看来，宋明理学宣扬的"存理灭欲"乃是"绝欲反人"的理论，根本违背了人的本性。他指出，人是判断是非善恶的标准，而自由、平等、博爱是"天予人之权"，特别是博爱，植根于人的本性，是宇宙的根本法则，"人道所以合群，所以能太平者，以基本有爱质而扩充之"。只有靠博爱，才能去除各种界限，使自由、平等真正得以实现。康有为还提出"有私以害性"的观点，并认为只有在"大同"社会里才能使人人具有良好的道德，劳动才会成为道德评价的标准。

评价 康有为的思想，含有不少封建糟粕。他在论述"免苦求乐"人性论时，承认有一种先验的善性"仁"；他一方面宣传自由、平等特别是博爱的正义性，另一方面又肯定"爱有差等"的必要性。在当时反封建的现实斗争中，他反对人们用革命手段去冲破封建罗网。戊戌变法失败后，康有为终于堕落成为保皇派，否定自己早期思想中的进步成分，宣扬"尊礼读经"，鼓吹建立"礼教"，极力维护封建纲常。但是他在早期对以程朱学派为代表的旧哲学的批判，对当时社会起了解放思想的作用。他的哲学思想为戊戌维新提供了理论依据，对改良派中许多人的思想有很深的影响。

谭嗣同

中国近代思想家，资产阶级维新运动政治家，字复生，号壮飞，又号华相众生、东海褰冥氏等，湖南浏阳人。

生平和著作 谭嗣同出生于封建官僚家庭，少时受中国传统旧学影响较深而好任侠。1894—1895年受中日甲午之战刺激，他思想上开始从传统旧学转向新学，广泛研究西方近代自然科学和资产阶级的社会学说，政治上则力主"尽变西法"以图强。1896年他经过上海访康有为，未遇。后结识梁启超，并通过梁启超了解到康有为维新变法的基本理论，对康十分景仰，自称为康的私淑弟子。同年，他以同知入资为江苏候补知府，在南京候补约一年。其间，他从杨文会研究佛学，也积极学习西方科学技术知识，并来往于沪宁间，与梁启超等研讨变法理论。1897年应湖南巡抚陈宝箴之邀，回湖南筹办新政，参与创立时务学堂、武备学堂，编辑《湘学新报》《湘学报》。次年，创办南学会和《湘报》等，积极进行维新变法宣传。1898年6月，光绪帝下诏变法，谭嗣同由候补知府权充四品军机章京，参议新政。然而，在封建顽固派和外国帝国主义势力的干预下，历时仅百日的变法维新运动即告失败。当反变法政变发动之始，有人曾力劝谭嗣同出走暂避，但他谢辞："各国变法，无不从流血而成，今日中国未闻有因变法而流血者，此国之所以不昌也。有之，请自嗣同始！"随即遭捕，并于9月

28 日与杨锐、林旭等 6 人同时就义。

谭嗣同短促的一生，留下了 10 多部著作，在他生前只自编刻印了《东海褰冥氏三十以前旧学四种》，包括《寥天一阁文》、《莽苍苍斋诗》、《远遗堂集外文》和《石菊影庐笔识》等篇，是研究谭氏早期思想的重要资料。1899 年梁启超、唐才常分别在《清仪报》和《亚东时报》上连载发表谭嗣同的哲学代表作《仁学》。1900 年出版《浏阳二杰遗文》。辛亥革命后在长沙出版了《秋雨年华之馆丛脞书》，后来上海文明书局编印了《谭浏阳全集》（后由群学社改版为《谭浏阳集》）。此外，上海中华图书馆出版了《谭复生文钞》。1954 年三联书店出版了《谭嗣同全集》。1981 年中华书局出版《谭嗣同全集（增订本）》，搜罗完备，校勘详细，并附有关传记史料。

哲学思想　谭嗣同哲学思想的来源和构成比较混杂，充满着矛盾。他的初期思想受张载、王夫之等人气一元论的影响，主张"气"是宇宙万物的本原，说"元气氤氲，以运为化生者也"，是一种朴素唯物主义思想。后来，他学习了一些近代自然科学知识，又深受佛学唯心主义的影响，便企图把科学与宗教熔为一炉，建立一种"仁学"宇宙观。

仁学　谭嗣同依据近代自然科学的知识，认为充满宇宙间的是"以太"，尽管构成宇宙万物的是"原质"（化学元素），而"原质之原，则一以太而已矣"。他从"以太"进而提出"仁"，说"夫仁以太之用，而天地万物由之以生，由之以通"，"学者第一当认明以太之体与用，始可与言仁"。说物质性的以太是仁之体。同时，

瀏陽譚壯飛先生著

仁學

國民報社藏板

《仁学》封面

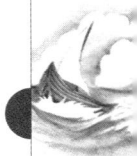

谭嗣同又强调以太作为媒介的传导性能，把它看作是与仁一样的东西，从而否定了以太的物质性，他说："以太也，电也，粗浅之具也，借其名以质心力"；"精而言之，夫亦曰'仁'而已矣"。甚至说，"以太者亦唯识之相分"，"仁为天地万物之源，故唯心，故唯识"，"天地间仁而已矣"。把宇宙万物的本原归结为"仁"，这明显地反映出谭嗣同所要建立的"仁学"体系，已转向唯心主义。

认识论　在认识论上，谭嗣同早期曾具有某些唯物主义思想因素。他曾说过人的认识来源于客观实际，认为"古圣人正五色以养明，定六律以养聪，岂能凭虚无而创造哉？亦实有是物而不容废也"。并明确提出"名"是"实之宾"，"名无实体，故易乱"。这种唯名论观点，为他冲决名教之网罗提供了认识论根据。但是

他又主张"贵知不贵行"，否认人们通过感觉和思维活动能认识客观事物，认为只有靠佛教唯识宗的"转识成智"的神秘直觉，才可获得真理。这一根本观点是唯心主义的。

辩证法思想　谭嗣同的"仁学"体系中包含有比较丰富的辩证法思想因素。他十分强调事物的运动、变化和进化，并指出"日新"乃"异同攻取"的结果。他认为，"天地万物之始，一泡焉耳"，由于"异同攻取"，在宇宙间演成各种天体，又在地球上进化出各种生物："沮洳郁蒸，草蕃虫蛸，璧他利亚，微植微生，螺蛤蛇龟，渐具禽形。禽至猩猿，得人七八。人之聪秀，后亦胜前"。人类社会也是不断向前发展、"自苦向甘"的。可是，他又以佛教的"刹那生灭""一多相容"和"破对彼"等理论否定事物性

质的相对稳定性，幻想调合矛盾、取消对立，陷入了相对主义。

政治思想 谭嗣同的"仁学"反映了资产阶级的自由、平等、博爱的要求。他在"仁学界说"中提出："仁以通为第一义"，"通之象为平等"，并根据"仁""通""平等"这种政治伦理哲学，对封建名教和君主专制主义进行了尖锐的批判。他认为"三纲五伦"的名教和君主专制主义根本违反了"仁""通""平等"的道理。他抨击君主专制主义说："二千年来君臣一伦尤为黑暗否塞，无复人理，沿及今兹，方愈剧矣。"而君主专制之所以得以维持，"则赖乎早有三纲五伦字样，能制人之身者，兼能制人之心"。他认为，在维新变法中，若"五伦不变，则举凡至理要道，悉无从起点，又况于三纲哉！"因此，他大声疾呼"冲决君主之网罗！""冲决伦常之网罗！"谭嗣同这些反封建的急进思想，对辛亥革命和新文化运动产生了积极影响。

关于谭嗣同哲学的性质，有的学者认为他始终坚持了唯物主义的路线；有的学者则认为，片面强调心的作用，是他始终未变的观点。

孙中山

中国近代民主革命家、思想家，清同治五年十月初六（1866年11月12日）生于广东省香山县翠亨村，1925年3月12日逝世于北京。幼名帝象；稍长名文，字德明，号日新；1886年改号逸

仙；1897 年在日本化名中山樵，因名孙中山。在 19 世纪后期和 20 世纪初期，中国沦为半殖民地半封建社会、中国人民兴起反帝反封建伟大革命斗争的历史剧变时代，孙中山全心全意地为改造中国，振兴中华，争取祖国的独立、自由、民主和富强，进行了百折不挠的斗争，建立了丰功伟绩，留下了丰富的思想遗产。

生平和著作　孙中山的一生，经历了中国旧民主主义革命时期和新民主主义革命初期。他出身于农民家庭，幼年参加过农业劳动，读私塾时受到太平天国运动的影响，向往"天下为公"的大同世界。1878 年到檀香山读小学、中学，开始接受西方资产阶级教育。1883—1884 年间，先后入香港拔翠书室、皇仁书院学习。1885 年受中法战争失败的刺激，立志"倾覆清廷，创建民国"。1886 年学医于广州博济医院附设南华医学堂，次年转入香港雅丽医院附设西医书院。此时，他努力学习自然科学知识和有关西方社会政治学说。达尔文的进化论和法国资产阶级革命对孙中山的思想产生了深远影响。孙中山企图按照西方资本主义国家的榜样改造祖国，拯救同胞。1894 年，他组织中国最早的资产阶级革命团体兴中会，揭起"振兴中华"的大旗，提出"驱除鞑虏，

恢复中国，创立合众政府"的纲领，组织和发动武装起义。

1895年广州起义失败后，他亡命欧美，在华侨中宣传革命。1896年10月刚到伦敦即遭逮捕，脱险后，留居伦敦近一年，考察欧洲资本主义社会政治风俗，博览群书，并受到社会主义革命思潮的影响，比较其得失，初步形成民族、民权和民生的思想雏形。

1905年他在"革命风潮"的推动下，成立中国资产阶级第一个革命政党同盟会，提出"驱除鞑虏，恢复中华，创立民国，平均地权"的纲领，并在《〈民报〉发刊词》中明确主张"民族主义""民权主义"和"民生主义"，奠定了中国资产阶级民主革命的理论基础。这个纲领虽然没有明确提出反帝反封建的口号，但它是中国第一个比较完整的资产阶级共和国的设想，反映了中华民族的新觉醒。

1903—1908年，孙中山亲自领导民主革命派同改良主义的保皇派展开大论战，撰写《敬告同乡书》《驳保皇报》《中国民主革命之重要》和《论惧革命召分分者乃不识时务者也》等著名论文，成为民主革命派的旗手。

为了实现革命三民主义，孙中山多次举行革命武装起义，经历了多次的失败，最终通过1911年的辛亥革命推翻了清王朝统治，结束了中国两千多年来的封建帝制，为中国的民主革命建立了伟大历史功绩。辛亥革命的果实被北洋军阀首领袁世凯（1859—1916）窃夺后，孙中山积极进行反袁斗争和护国运动，但迭遭失败。1917—1919年，写成巨著《心理建设》，提出革命继续向前发展的道路和战略。其中《孙文学说》，对中国丰富的革命经验和

教训从哲学上加以概括和总结，奠定了三民主义的哲学理论基础。但这时的孙中山从理论到实践都还停留在旧民主主义革命的范围之内。

孙中山在彷徨苦闷中，遇到了俄国十月革命的爆发和中国共产党的诞生。1918年夏，他致电列宁和苏维埃政府，"愿中俄两党团结共同斗争"。1921年底，接受中国共产党人加入国民党。他开始认识到："今后之革命，非以俄为师，断无成就"，于是在中国共产党的帮助下，采取"联俄、联共、扶助农工"三大政策，改组国民党，并在中国国民党第一次全国代表大会宣言中以及《三民主义》著作中，重新解释三民主义。政治上主张反对帝国主义侵略，实现普遍平等的民权，经济上主张"平均地权""节制资本""耕者有其田"，改善工人农民的生活。这种新三民主义是旧三民主义在新民主主义革命时期的发展。新三民主义的政治原则同共产党在中国民主革命阶段的纲领基本一致。孙中山此时在一些主要问题上接受了共产党提出的人民民主共和国的主张，奠定了第一次国共合作的政治基础，推动了第一次国内革命战争的蓬勃发展。

孙中山的新三民主义和共产主义是两个根本不同的思想体系。但他敢于宣布社会主义、共产主义是三民主义的好朋友，敢于反抗帝国主义，坚决站在世界反帝国主义的社会主义人民民主阵线一边，他鞠躬尽瘁为此奋斗到最后一息。临终时，他坚信和热烈希望中华民族和世界一切被压迫民族在共同奋斗中取得革命的胜利。

孙中山的著作，曾编集的有：

《总理全集》《中山全集》《中山全著》《中山丛书》《国父全书》《国父全集》等；1949 年以后新编有《孙中山选集》《孙中山全集》等。《孙文学说》《三民主义》《军人精神教育》《知难行易》等是他的主要的哲学代表作。

进化哲学　孙中山在总结概括丰富的革命经验和教训的基础上，吸收 19 世纪、20 世纪初的自然科学新成果，基本形成了一个具有中国近代特色和资产阶级民主革命精神的哲学体系。

物质进化　孙中山以达尔文的进化论为自己哲学的基础。他认为，世界是进化发展的，它经历了"物质进化之时期"到"物种进化之时期"再到"人类进化之时期"的过程。物质进化时期，"太极（此用以译西名以太也）动而生电子，电子凝而成元素，元素合而成物质，物质聚而成地球"。他把进化论和康德的原始星云说结合起来，认为照进化哲学的道理讲，地球本来是气体，和太阳是一体的。始初太阳和气体是在空中，成一团星云，万物和人类都是由星云进化而来的。他认为，继康德星云说之后，法国天文学家 P.–S. 拉普拉斯、英国地质学家 C. 赖尔、法国生物学家 J.–B. 拉马克都以他们的科学发现开进化论之先河。孙中山根据 19 世纪自然科学的革命，特别是镭的发现，认为"前之所谓元素者，更有元素以成之，原子者，更有原子以成之"，承认物质元素、原子可变可分。他接受能量守恒和转化定律，认为电与光、热，"可互相变易"。他概括 19 世纪无机化学到有机化学的发展，指出"化学之技术，已能使无机体变为有机体"，从而论证生物有机体由无机体进化而来，"物质进化

之时期"必然发展为"物种进化之时期"。

孙中山接受19世纪的细胞理论，认为整个动植物有机体的物种，以至于人类，都是由细胞进化而来的。他把细胞看作是生物的"原子"，称之为"生元"。他认为，"由生元之始生而至于成人，则为第二期之进化，物种由微而显，由简而繁，本物竞天择之原则，经几许优胜劣败，生存淘汰，新陈代谢，千百万年，而人类乃成"。

他的生元说认为生元有知："生元之为物也，乃有知觉灵明者也，乃有动作思为者也，乃有主意计划者也"。对于这种理论，学术界一向评价不一。一种观点认为孙中山的"生元"也就等于神秘的灵魂，从这里滑向了二元论和唯心论，表现出"物活论"的倾向。另一种观点认为，孙中山

明白地说细胞即"生元"，是一种"物"，而不是神秘的灵魂，问题在于他把物质高度发展的神经系统和人脑才具有的"知觉""思为""计划"等属性赋予了细胞本身，把细胞拟人化了，在他的唯物主义生元说中加进了形而上学的唯心主义因素，但他基本上坚持了进化论和唯物主义路线，认为人类进化时期是物质进化时期的更高阶段。

物质与精神　孙中山认为，自然界的本原是物质，生物和人类都是由物质进化而来的。他从这一观点出发，明确解释了物质和精神的关系问题。他说"总括宇宙现象，要不外物质与精神二者，精神虽为物质之对，然实相辅为用"。物质是"体"，精神是"用"。孙中山还进一步指出："世界上仅有物质之体，而无精神之用者，必非人类"，只有人类这种

高度进化的物质之"体"，才具有精神的作用；而精神一旦从物质中产生就能"制驭"物质。他说："革命救国，非有革命精神不可"，"武器为物质，能使用此武器者，全恃人之精神"。在论述国家问题时，他过分夸大了人的主观能动作用，说："国者人之积也，人者心之器也，而国事者，一人群心理之现象也"；"夫心也者，万事之本源也"，陷入了历史唯心主义。关于孙中山对物质与精神的论述，也有人认为是反映了二元论思想。

知行学说　知行学说是孙中山哲学思想中最宝贵的部分。辛亥革命后，资产阶级右翼势力和革命队伍中的妥协动摇分子，把古文《尚书》中"知之非艰，行之惟艰"的话作为他们反对和取消革命行动的根据，成为革命继续前进的极大思想阻力。于是，孙中山力辟"知易行难"说，倡导"知难行易"，并进而广泛论述知行问题。

先有事实，才发生言论　这是孙中山知行学说的基本出发点。他认为，宇宙万物及其进化都是人类认识"智"的范围和对象。他还认为，宇宙万物是可以被"明白了解"的，人具备能"明白了解"客观事物的"聪明"之"智"。人的认识的"是非之别，即在合乎道，不合乎道？"这"道"就是"社会进化的事实"。合道即是"是"，反之，则是"非"，表现了唯物主义反映论的特点。

"先行后知"　孙中山根据近代科学产生和发展的历史，论证人们对于客观事物的认识是从"行"中得来的。他指出："先行后知，进化之初级也；先知后行，进化之盛轨也。"人类获得

知识的过程是由"行"到"知"，再由"知"到"行"的过程。他把"行"提到认识论的突出地位，论证"行"是"人类之进化"的必要门径。他说："生徒之习练也，即行其所不知以达其欲能也；科学家之试验也，即行其所不知以致其所知也；探索家之探索也，即行其所不知以求其发见也；伟人杰士之冒险也，即行其所不知以建其功业也。"这里所论的"行"，已经不只是个人修养和道德践履，而触及到了人类的生产活动、科学试验和资产阶级民主主义革命活动。他论述"先行后知"时曾说过，维新变法是国家大事，"多有不能前知者，必待行之成之而后乃能知之"。认为行是知的"先"决条件和出发点。

"以行而求知，因知以进行"

孙中山说："能实行便能知"，不去实行，只"把古人言行的文字，

死读死记"，就不会有进步，就不会获得真知和新知。他强调，求知的途径是"要靠实地去考察"。"考察的方法有两种：一种是用观察，即科学；一种是用判断，即哲学"。先通过科学实验、观察，获得知觉，然后由浅而深，由简而繁，对知觉进行过细研究，形成判断，循此前进，进行推理，就能发现事物的"理哲"，即规律，获得科学的"真知特识"。

孙中山认为从"行"中获得之"知"，还必须进而见之于"行"。他说："能知必能行"，人类对于一件事，研究当中的道理，最先发生思想，思想贯通以后，便起信仰，有了信仰，就生出力量。人们掌握科学知识就"人事可以胜天"。他特别强调科学理论对革命和建设的指导作用，认为拒绝科学理论的指导，必然"不能鼓吹舆论、倡导文明，而反足

混乱是非、阻碍进化"。

孙中山在强调以"知"促进"行"的能动作用的同时，还明确提出，"实行"是试验学理"真"与"假"的证明。他根据人类科学史证明，"学理有真的有假的，要经过试验才晓得对与不对。好像科学上发明一种学理，究竟是对与不对，一定要做成事实，能够实行，才可以说是真学理"。

孙中山认为"以行而求知，因知以进行"是一个相生相长、不断前进的进化过程。他说："知"和"行""进行不息，所以得有今日突飞之进步"。宇宙事物的进化没有止境，因而人的知识的进步也永无止境。他以自然科学和社会科学产生和发展的历史，论证人类的认识史是"由无知识而进于有知识，脱离旧观念，发生新观念，脱离旧思想，发生新思想"的历史。

历史局限　孙中山以知行观为核心的认识论基本上是唯物主义的，其中还包含有不少辩证法因素。它在中国哲学史上是由古代唯物主义知行观通向辩证唯物主义知行统一观的重要环节。但由于时代和阶级的局限，孙中山没有能够解决行与知的唯物辩证的统一关系：①他虽然把"行"提到认识论的突出地位，但他对"知"和"行"的理解是狭隘的、片面的。在阶级社会里，他脱离人的阶级性和阶级斗争去观察人的知行问题，所以没能超出旧认识论的范围，达到辩证唯物主义的水平。②他把人类的进化硬性地划分为不知而行、行而后知和知而后行等三个时期，割裂了知行之间具体的历史的统一。③他把人分为先知先觉者、后知后觉者、不知不觉者三类，并由先知先觉者支配人类进化，从而陷入了唯心史观。④他的知难行易学说片面地强调了难易的对立，忽视了它们的统一。在强调科学真知的艰辛时，忽视了"行"的艰苦过程，即忽视了知行的难与易也是具体的历史的统一。

民生史观 孙中山把进化论运用于人类社会，认为人类社会是由"物种进化"而来的。它本身又在不断进化着，即由"洪荒时代"到"神权时代"，到"君权时代"，再到"民权时代"。这种用政治制度为标准划分历史时期的观点是不科学的。但它认为人类历史是一个不以人们意志为转移的、由低级向高级进化的过程，含有合理因素。孙中山因此论证了民权革命、民族革命是一个不可抗拒的世界进化潮流。认为只有通过革命手段实现立宪民主，才符合"进化之理"。社会历史进化论被赋予了"革命""突驾"的

内容。

他认为社会历史进化的原动力不是英雄人物。他说："华拿（即华盛顿、拿破仑）二人之于美法之革命，皆非原动者"，"一国之趋势，为万众之心理所造成，若其势已成，则断非一二因利乘便之人之智力所可转移者也"。孙中山这种群众心理创造历史的观点，对于英雄智力创造历史的观点是一个重大的进步，但他并没认识到"群众心理"的客观动力。他认为，"人类求生存才是社会进化的原因"。"所以民生问题才可说是社会进化的原动力"。他提出群众生活状况及群众斗争问题，热烈同情被剥削者，力图从民众经济生活寻找历史进化的动力，有进步意义。但他把动力归结到抽象的人类"求生存"的"本性"和"欲望"，抹煞了欲望背后的社会物质条件，从而陷入了历史唯

心主义。

他从超阶级的人类求生存的本性出发，认为抽象的"互助"是人类的"天性"，是解决民生问题的途径，以抽象的人性论为资产阶级的自由、平等、博爱作论证，把阶级斗争看成违反社会发展常规的一种"病症"。这是错误的观念和幻想。

为了解决民生问题，孙中山提出民生主义的经济理论。他称这种理论为"社会主义"。为了避免重蹈欧美的覆辙，使中国"预防"资本主义，他提出了避免贫富不均的"平均地权"的纲领。这个纲领在一定程度上反映了当时人民对没有剥削、没有压迫的自由平等社会的渴望。但是，实际上并不能真正避免贫富不均，而是为资本主义的发展创造有利的条件。他的民生主义，以客观的革命民主主义为真实内核。

伦理思想 孙中山的伦理思想是其三民主义思想在伦理道德上的运用。孙中山反对为帝国主义侵略作辩护的社会达尔文主义，接受和修正了俄国无政府主义者Ⅱ.A.克鲁泡特金的"互助论"，用以解释道德的本原和作用。他提出"道德仁义者，互助之用也"，认为人类为了求生存，就得互助，这是人类"天性所趋"，道德是这种"天性"的表现，其作用在于使人类"减少兽性，增多

孙中山书《天下为公》墨迹

人性"，消除竞争，扩大互助，促进社会的进化。他以资产阶级人道主义为武器，揭露封建君主专制及其纲常名教是为了"堵塞人民之耳目，锢蔽人民之聪明"，把人民"降为牛马"。他指出三民主义就是"平等和自由的主义"，唯有自由、平等、博爱才是"人类之福音"，并要求建立一个以此为普遍原则和一贯精神的社会。他还提出恢复忠孝、仁爱、信义、和平等"中国固有道德"的主张。在人生观上，孙中山强调信仰和立志在人生中的意义，认为革命者应该想做大事，不可想做大官，努力为三民主义而奋斗；必须不怕困难，百折不回，具有牺牲精神，把"真理和名誉"看得"比死还要贵重"。并认为只有这样，才能使自己人格高尚，生活得有价值；自私自利、损人利己的人格"非常卑劣"。他还提出了"天下为公"的道德理想。

孙中山的伦理思想，充满爱国主义和民主主义精神，是中国近代资产阶级革命民主主义伦理思想的集中表现。但它没有彻底摆脱封建传统伦理思想的影响，反映了中国民族资产阶级的软弱性和妥协性。

孙中山哲学的基本性质与历史地位　关于孙中山哲学的性质，中国学术界存在不同的看法。有的认为，孙中山的哲学是唯心论或二元论；有的则认为是唯物论。在唯物论的观点中，又有"唯物的进化论"和"进化的唯物论"两种评价。

20世纪80年代以来研究的成果表明，更多的人趋向于认为孙中山的哲学是唯物主义的看法，认为这种哲学不但超出了中国古代唯物主义，而且在一定程度上突破了西方18世纪机械唯物论的局限。他提出的民生史观，虽然属于唯心史观，但其中包含有历史进化论和关注民众生活等积极的合理的因素。孙中山哲学是中国资产阶级革命哲学的集中代表，在中国近代哲学思想发展史上，占有重要的历史地位。

章炳麟

中国近代哲学家，初名学乘，字枚叔（一作梅叔），号太炎，曾改名绛。清同治七年十一月三十（1869 年 1 月 12 日）生于浙江省苏杭县，1936 年 6 月 14 日病逝于苏州。

生平和著作　章炳麟早年曾受过严格的中国传统的古典文化教育，1890 年到杭州诂经精舍师事当时著名的经学大师俞越。1897 年在维新运动的感召下，不顾老师俞越的反对，到上海任《时务报》撰述，不久又任职于《经世报》《昌言报》等，积极宣传维新变法。1898 年戊戌政变，章炳麟被通缉，流亡日本。1900

年，他把 1897 年以来所撰论文 50 篇编集为《訄书》出版。此书在政治上鼓吹维新变法，在哲学上表述了倾向于唯物主义和进化论的自然观。同年，他的政治思想剧烈转变，割辫发，公开与维新派决裂。1902 年重订《訄书》，在政治上由赞成维新变法转变为倡导反清革命，在哲学上仍然保持唯物主义和进化论的思想倾向。1903 年在上海爱国学社任教，撰《驳康有为论革命书》，批驳康有为的保皇言论，昌言民族民主革命，对当时的革命运动产生了重大的影响。同年 6 月发生"苏报案"，他遭捕入狱，被监禁 3 年。在狱中，他精心研读佛经《瑜珈师地论》《成唯识论》及因明论典等，引起世界观的大转变。1906 年出狱赴日，参加同盟会，主编机关报《民报》。1910 年任光复会正会长，主编机关报《教育今

语杂志》。辛亥革命爆发后回国，提出"革命军兴，革命党消"的口号，组织中华民国联合会，任正会长，主编《大共和日报》。又应孙中山之聘，任总统府枢密顾问。1913 年，因反对袁世凯被幽禁，1916 年获释。1914 年，增删《訄书》，把很多具有革命性和唯物主义倾向的篇章删去，改名为《检论》。到了新民主主义革命时期，他的思想已严重地落后于时代潮流，1924 年曾领衔发表公函反对国共合作和孙中山对国民党的改组，主张"以同盟旧人，重行集合团体"。次年，发起"辛亥革命同志俱乐部"。在晚年赞成抗日救亡运动，谴责蒋介石"攘外必先安内"的反动政策。1935 年，他在苏州设立国学讲习会，主编《制言》杂志，以讲学终老。

章炳麟不仅在哲学方面，而且在文学、史学、语言学等方面

也都有较深的造诣。他一生著述很多，生前他曾把自己的论著汇集成《訄言》《国故论衡》《章氏丛书》《章氏丛书续编》等书。另外，由他人编纂的有：《章氏丛书三编》《太炎最近文录》《章太炎的白话文》《国学概论》等。中华人民共和国建立后出版了《章太炎政论选集》《章太炎年谱长编》《章太炎选集》等。

哲学思想　章炳麟的哲学思想大致可以1906年为界，分为前后两个时期。前期思想反映了他从旧的传统思想中挣扎出来，敏锐地接受近代自然科学知识和西方资产阶级政治、哲学、社会学等学说，并努力用这些新知识、新思想来批判旧学的过程。他在《天论》《公言》《菌说》等文章中，论证了各原质成于以太、万物成于各原质的自然观，肯定人的精神依赖于各种化学物质组成的人体，是第二性的。这些思想，都带有近代机械唯物主义的性质。1906年出狱到日本后，他把佛教唯识宗哲学思想、中国古代的和西方近代的一些唯心主义学说杂糅在一起，抛弃了原有的唯物主义思想，逐渐形成了自己的主观唯心主义哲学体系，企图用这个哲学体系为民主革命服务。他从唯识宗那里吸取了"阿赖耶识"作为基本范畴，认为"阿赖耶识"是世界的本体，它是超越一切而又永恒不变的绝对物，世界上的一切最初都以萌芽状态蕴藏于它之中，"此识含藏万有，一切见相皆属枝条"。"阿赖耶识"处在清净状态中的时候，也称为"真如"，二者是一而二、二而一的根本东西。在他看来世界并非实有，"一切有形的色相，无形的法尘，总是幻见幻想"，"万法唯心"。

认识论　章炳麟早期虽然有

贬低感觉经验而夸大理性认识作用的倾向，但承认认识起源于感官对外界事物的反映，因而其基本倾向是唯物主义的。到后期，随着世界观的转变，他的认识论思想也发生了变化。一方面他赞同唯心主义经验论者休谟的观点，拒不承认感觉之外有客观事物的存在，认为"所感定非外界"。同时，在对理性认识的理解上，追随康德的唯心主义先验论，认为认识主体具有若干先验知性范畴，如因果性、必然性、规律性等等，它们绝非外界事物所固有。他把这些范畴叫作原型观念或阿赖耶识的种子。他认为人们进行理性思维时，"必有原型观念在其事前，必有综合作用在其事后"。由原型观念把零乱的感觉综合整理，才成为理性认识。

发展观 章炳麟早年吸取了近代进化论的理论，认为自然界经历了非常悠长的不断进化发展的过程，从无机界进化到有机界，有机界从原始生物进化为草木，再进化为蜃蛤水母，而后"递进为甲节，为脊骨，复自鱼以至鸟兽而为猿、狙、猩、狒，以至为人"。同样，人类社会也是不断上升发展的，他说，"天地之运，愈久而愈文明"。章炳麟比较早地把革命论引入社会历史领域，从理论上论证用暴力革命救国救民的必要性，指出："民智恃革命开之，公理以革命明之，旧俗以革命去之"。"革命非天雄大黄之猛剂，而实补泻兼备之良药矣"。他提出"俱分进化"论来说明社会历史的进化，认为社会的善与恶、苦与乐是"双方并进，如影之随形，如罔两之逐景"。他还注意探讨自然界和人类社会进化的原因，曾说："强力以与天地竞，此古今万物之新以变"。但他又认为，事物的进化和新事物的产生，从根本上说是由事物各自的精神意识推动的，它们按照所谓"欲恶去就""渐思而渐变"的意志行事。这样就把进化发展归结为精神意识的作用，把发展动力的问题神秘化了。

宗教观　在对待宗教有神论的问题上，章炳麟既表现出积极批判基督教神学的近代无神论思想，又主张利用宗教为民主革命服务，提倡建立所谓无神教。他运用近代自然科学知识，从理论上批驳基督教的上帝创世说，他说："万物皆出于几，皆入于几。夫上帝何为哉？""非有上帝造之，而物则自造之"。认为世间万物皆由基本粒子"几"构成，不是上帝创造。他还从逻辑上揭露了基督教的种种矛盾，并指出："然则神造万物，只被造于他，他又被造于他""以此断之，则无神可知矣"。但是，章炳麟对于佛教和佛经则深信不疑。他往往还运用佛教教义去批驳基督教教义。章炳麟虽然批判基督教有神论，却并不反对宗教本身。他认为要成就革命事业，必须"用宗教发起信心，增进国民的道德"。在他看来，"所以维持道德者，纯在依自不依他"。因此，他提倡建立一种不崇拜偶像的、发挥不依他精神的所谓无神教。在他的心目中，这种理想的无神教就是佛教唯识宗。他说："今之立教，惟以自识为宗"。

哲学评价　章炳麟自形成他的主观唯心主义哲学体系以后，一直坚持着自己的观点，并自信他的哲学体系对当时资产阶级民主革命具有重要的意义。按照他的体系，主观意识是一切现象的根源，意识是自主的，外在的一切都是派生的，人们之所以有力

量在于"自贵其心"。在他看来，只有具备了这样的哲学信念，才能自尊无畏，一往无前。这种主观唯心主义不但不能论证和指导革命，反而以主观幻想歪曲客观规律，对革命产生消极的作用。

章炳麟在后期越来越多地用中国传统的哲学思想和他自己的哲学思想互相印证，"以佛解庄"，"以庄证孔"，把他自己接受的种种唯心主义冶于一炉。

伦理思想　伦理思想是章炳麟整个思想体系的组成部分。他把反对保皇派的斗争同批判封建旧道德结合起来，强调"革命"道德的作用，提出了善恶并进的"俱分进化论"，比较鲜明地反映了中国旧民主主义革命高潮中的资产阶级中、下层的利益和要求。

章炳麟揭露了儒家伦理思想的虚伪性。他指出，"儒家之病，在以富贵利禄为心"，其中庸之道，"多在可否之间"，是封建统治者的"南面之术，愚民之术"。保皇派以儒家所倡的道德相标榜，实际上却是一群"志在干禄""污邪诈伪"的伪君子。他提出"无道德者不能革命"的论断，强调"革命者"应当具有高度的道德自觉性，养成知耻、忠厚、耿介和必信的优良品质，能够对革命事业"确固坚厉，重然诺，轻生死"，即使是"私德""小德"也不能忽视，这样才能"任天下之重"。

章炳麟还把人们的道德状况同他们的职业地位联系起来，认为社会发展中，"善亦进化，恶亦进化"，社会职业可分为 16 种，"其道德之次第亦十六等"；农工"劳身苦形，终岁勤动"，他们的道德品质是高尚的，而那些不事生产，专靠剥削的上层社会的人们，则是堕落的。这表明他在一定程度上认识到在阶级社会中，道德是通过善恶对立和斗争而复杂地存在和发展着的。

章炳麟的伦理思想，曾在中国旧民主主义革命的过程中起过进步作用。但他往往夸大道德的作用，把道德的衰亡看作"亡国灭种之根极"，并错误地提出了"用宗教发起信心，增进国民的道德"的主张，甚至宣扬"个人为真，团体为幻"的虚无主义，这在当时又产生了消极的影响。他在晚年，提倡尊孔读经，钻研佛理，其伦理思想具有更多的消极成分。

逻辑思想　章炳麟在逻辑上的贡献，主要是对先秦名辩之学、印度因明和西方逻辑进行了比较

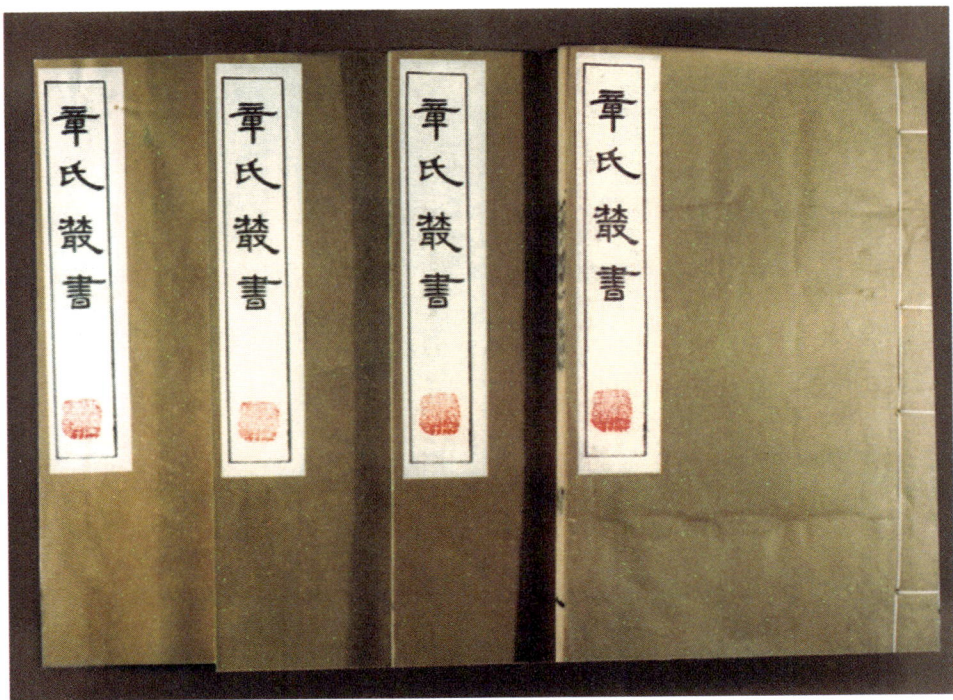

《章氏丛书》书影

研究，并运用其所熟悉的因明知识，参照西方的逻辑理论，解释、评论了墨家、荀况和惠施的逻辑思想。他的逻辑思想大都反映于《国故论衡》一书中，其中《原名》最重要，其次是《明见》和《语言缘起说》。他在《原名》提出了若干有启发性的问题：①论述了爵名、刑名和散名，其中最具有逻辑意义的是散名。散名就是加于万物者之名，它是名辩逻辑着重研究的概念之名。章炳麟认为对散名的研究始于先秦的惠施、公孙龙，但由于他们只想在辩论中求胜，因而有些地方不免流于诡谲。他指出，墨子和荀子的逻辑思想确是以探求是非的根本法则、穷究事理为宗旨的。②用因明理论阐释、论述了名的形成和种类。章炳麟认为，名的产生始于感觉，接着是感觉传入内心，产生对事物的认识，最后是离开感觉形象而产生用以思考的、抽象的名。他肯定了墨家把名分为达名、类名、私名三种类型的做法，并赞同荀子关于共名、别名之区分。对荀子提出的遍举万物的大共名和偏举的大别名、单名、兼名、异状同所的一实、同状异所的二实等，也作了论述。③讨论了辩说之道，将因明的三支和墨家的论证、西方传统逻辑的三段论作了较详细的比较研究。章炳麟认为，辩说之道是先见其旨（论题或结论），次明其枢（理由），然后取譬（用喻）相成，亦即按因明的宗、因、喻顺序进行的。三段论的顺序是初喻体，次因，次宗；《墨经》中论证的顺序是初因，次喻，次宗。它们都缺少喻依，所以不知因明三支。但因明三支也有局限性，比如不能表达墨家关于爱利、仁义的论证，不能反诘"言皆妄"的论点。他还提出，运用因明三支时还要注意，全称命题"凡火尽热"，尽管可以用作宗以测未来，但不能用作喻体以概括过去，因为没有人曾经遍验天下之火。

在《明见》篇中章炳麟具体分析了惠施和辩者的逻辑学说。他认为，辩者二十一事，只有关于飞鸟、镞矢、尺锤几条说得明白可以接受，关于目不见、指不至、轮不蹍地等也还讲得通，但其他论题如白狗黑、狗非犬等都不伦不类，足以乱俗。章炳麟指出，惠施和辩者不同，因为万物十事都是主张"无时、无方、无形、无碍的"，万事万物必因而混淆错乱。所以，惠施虽然析物至微，仍无补于求真。

梁启超

中国近代政治家、思想家，字卓如，号任公。广东新会人，光绪十五年（1889）举于乡。后师事康有为，光绪二十一年积极参加康有为发起的"公车上书"活动。光绪二十二年在上海主办《时务报》，先后发表《变法通议》《古议院考》《论君政民政相嬗之理》等重要文章，系统地宣传变法维新思想。光绪二十三年主讲湖南时务学堂，提倡民权、平等、大同之说，发挥保国、保种、保教之义。光绪二十四年五月（1898.7）被光绪皇帝召见，奉旨以六品衔办译书局事。戊戌政变后，逃亡日本，先后创办《清议

报》《新民丛报》，发表《新民说》《论中国学术思想变迁之大势》《新史学》等论著，大力宣传资产阶级的民权、自由、平等、爱国、利民、勇敢进取等思想，对当时中国年青一代产生了广泛的影响。

20世纪初，当资产阶级民主革命潮流兴起以后，约从光绪二十九年起，梁启超公开与以孙中山为代表的革命民主派相对抗。他反对暴力革命，认为暴动主义足以亡中国，鼓吹"与其共和，不如君主立宪；与其君主立宪，又不如开明专制"。五四运动前后，他与张东荪等相呼应，反对马克思主义在中国的传播，反对社会主义。1920年以后，他以主要精力从事学术研究，写出了《清代学术概论》《先秦政治思想史》《中国近三百年学术史》等著作。

梁启超著述甚丰，大部汇编为《饮冰室合集》，共有148卷。

梁启超拥护达尔文进化论。他说，宇宙间的一切事物"莫不变"，就自然界来说，"昼夜变而成日，寒暑变而成岁；大地肇起，流质炎炎，热熔冰迁，累变而成地球，海草螺蛤，大木大鸟，飞鱼飞兽，袋兽脊兽，彼生此灭，更代迭变，而成世界"。人事也同样是变的，"贡助之法变为租庸调，租庸调变而两税……上下千岁，无时不变，无事不变"。因此

他认为，"变"是天下古今之"公理"。他说，当今是"万国蒸蒸，日趋于上，大势相迫"，国家的治法是非变不可的，"变亦变，不变亦变"。他的这种理论，为变法维新提出了重要理论根据，在当时起到了振聋发聩的作用。

梁启超还把进化论应用于历史领域，形成了他的新史学理论。他认为，"历史者，叙述人群进化之现象而求得其公理公例者也"。他明确地批判了中国古代从孟子以来的"治乱相嬗"的历史循环论，认为社会历史的进化并非是直线前进的，而是螺线上升的，并指出："吾中国所以数千年无良史者，以其于进化之现象见之未明也"。但他认为推动人类社会历史进化发展的，不是人民群众，而是少数英雄人物，说"舍英雄几无历史"。

梁启超哲学思想的本质是唯心主义的。在他看来，只有"心"才是实在的，他说："境者心造也，一切物境皆虚幻，惟心所造之境为真实。"又说："思想者，事实之母"。他相信佛教所谓的"三界惟心之真理"。他的唯心主义宇宙观反映了资产阶级维新派软弱无力的阶级本质。但在某种限度内他又不能不正视一些客观事实，如他说：唯心论是要把"所有物质的条件和势力一概否认，才算彻底，然而事实上那里能做到。自然界的影响和限制且不必说"，"生活条件的大部分是物质，既生活便不能蔑视他了"。这表明他的唯心主义思想并不十分彻底。

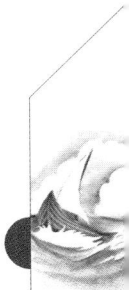